Nthanthi za Chitonga za Kusambizgiya ndi Kutauliya

First Published by Kachere Series in 2001.

Published by
Luviri Press
P/Bag 201 Luwinga
Mzuzu 2

ISBN   978-99960-98-24-6
eISBN   978-99960-98-25-3

Luviri Books no. 16

Cover illustration: Isaiah Mphande
Text illustrations: Isaiah Mphande
Layout: Alimay Wilson and Daniel Neumann

Luviri Press is represented outside Malawi by:
African Books Collective Oxford (order@africanbookscollective.com)

www.mzunipress.blogspot.com
www.africanbookscollective.com

Printed in Malawi by Baptist Publications, P.O. Box 444, Lilongwe.

Nthanthi za Chitonga za Kusambizgiya ndi Kutauliya

David Mphande

Luviri Press

Luviri Books no. 16

Mzuzu

2018

Maronje gha akusindikizga mabuku gha Mvunguti

Pafupifupi mabuku ghose ghenigho ghagwiriskika ntchito mumasukulu ghavya uliska munu m'Malawi ghakulembeka mChingerezi ndi akusambira nawo asa-mbizgika mchinenedu chenicho. Kweni mumachalichi ŵanthu weni ukongwa asope muvinenedu vyakupambana-pambana vyamunu m'Malawi kweni kamoza kamoza m'Chingerezi. Kweniso chakusazgiyapo nchakuti neke akusambira vya uliska amalizga maphuziro ghawu nyengo zinandi atachipharazga m'chakwawu. Ndichifukwa chake asambizgi a Masukulu a kusambizga vya Uliska mu Malawi ati akumana angumanga fundu yakuti asindikizge mabuku gha vyamazgu ghaku Chiuta (theological books) muvinenedu vyakupambana-pambana vyamunu mwidu. Urato pakusindikizga mabuku ghaviyo ngwakuti ghatovye kuŵa ndichi-ziŵisku cheneko pakupharazga ndi kusambizga Mazgu ghaku Chiuta. Tendichi-gomezgo kuti mabuku gha Mvunguti ghakasamphuskanga mchanya uteŵete wa-m'mipingu m'Malawi ndi mvyaru vyo mwe ŵanthu wo akamba vinenedu vya Chimalawi.

Muvyaka vyakuvuli uku kungubuka makani gha kukwasana ndi urongozgi ŵanthukazi muvitengo vyapachanya mu chalichi ndim'malu ghanyake gha zintchitu muvya charu. Kupwakaskana kwawa kwakuti, kumbi urongozgi wenuwu uŵengi wa anthurume pe, anthukazi nanga? Mwaviyo mu buku ili nthanthi zinyaki zarongo kuti anthukazi ndi anthurumi akwenere kurongozge pamoza. Ŵanthu amwaka atinge paChitonga "Kamuti kapamphara nkhakuko-relanako".

Jan. 2001

Ŵasindikizi ŵa Mabuku gha Mvunguti

Makani ghaku lembeka kwa buku ili

Ndendi chimwemwe chikuru pa lwana lo Rev. Dr. David K. Mphande warongo, pakulemba Buku ili la *nthanthi za Chitonga*, lakupharazgiya ndi kusambizgiya. Ine nge ngwakwanja mdauku, ndi malusu, pamwenga mwambu wa, Chitonga, ndarumba, ukongwa kulembeka kwa Buku ili. Iyi ndinthowa yimoza yakusungiya mdauko widu, ndi mazu ghidu gha Chitonga. Fuku lose mcharu lendi mazu ghake. Ndichu chifukwa tisambira so mazu gha mu mafuku gha ŵanyido. Ndendi chigomezgo kuti *Ahurwa* ndi *Asungwana* a mgonezi uno atenere kusambira *nthanthi* zenizi ndi phamphu, ndi likondwa, ndikusanda *vituwo* vyose vyo vyalembeka mwenumu. Fundu yikuru mu Buku ili njakusambizga ŵanthu kuteska vinjeru vyo vye mu nthanthi zenizi. *Apharazgi* a Mazu ghaku Chiuta nawo liŵawovyenge pa kumasuwa ndi kusambizga Mazu ghaku Chiuta mu lilime lawo, kuti ŵanthu ŵavwiskenge.

Ku *Ahurwa* ndi *Asungwana*, nthanthi zenizi ziziŵa kuŵawovya kuti akuwengi ndi *nkharo* yamampha, asani angasunga visambizgu vyake.

Rev Dr. Joel W. Manda-
Chifira – Nkhata Bay

Vyamkati

Maronje

Kwanyengo yitali mtima wangu wenga wakunweka kuti ndisambire midauko yo ye mu mazu gha Chitonga, ndi maunonono ghaki. Kwa mwaŵi, mu mwezi wa Okutobara chaka cha 1995, ndinguruta ku South Africa ku ungano wo ungunozga kukambiskana fundu ya "Kuzirwa kwa nthanthi mu Africa, mu mugonezi wuno." Kwa sabata yimoza tingukumana ku Universite yaku South Africa. Uŵapo wa ŵanthu angutuwa vyaru ndi vyaru mu Africa, ndi Kusirya kwazi nyanja. Uwu wenga mwaŵi ukuru chifukwa ine ndipu ndayamba kali mu chaka 1994, kafukufuku wa *Nthanthi* ndi *Nthanu* za Chitonga.

Chakwamba ndiwonga Mliska Rev. Dr. Stan Nussbaum waku America, yo wenga Muja-pakati pa ungano uwu; ndi Rev. Joshua Kudadjie, Mlembi Mula waku Ghana; ndi ma membara ghose gha porojeketi lenili, nge: msambizi wambiri Prof. John Mbiti, ndi anandi amazina ŵaviyo, wo angundisankha ine kuti nane ndilembe *Nthanthi Za Chitonga* mwakuti zireke kuruwika. Ndiwonga ukongwa Bungwi la *Pew Charitable Trust*, la ku America (Philadelphia), lo likovya ndarama kuti Buku ili lisimbike.

Ntchitu yakafuku-fuku ka *Nthanthi* izi kuti yenga yipusu cha. Kuzizipizga kwengapo limu. Lekani ŵala-ŵala atiti, *Kuwona maso gha nkhono nkhudeka*. Ndingwenda mu mizi yinande ya Chitonga mu Octobara, chaka cha 1994. Ndipo ndingukumana ndi ŵanthu ŵanande wo angundivumbuliya *nthanthi* zenizi. Panyengo yakafuku-fuku uyu, *ndingubaya tuyuni tuŵi ndi mphichi yimoza*, chifukwa ndinyengo yeniyo so, ndingulemba *Mwambo*, *Vinguzgu* vya Chitonga ndi *Nthanu* za Chitonga vya masambiro gha udokotala (PhD), gho sono ndikumalizga. Mwaviyo kuŵika pamoza nthanthi kuti chenga chipusu cha. *nthanthi*[1] zinyake ndasazgiyako zo zikulembeka ndi a Filimon Kamunkhwala Chirwa mu buku la *Nthanu za Chitonga* ndi *Mcapu wa Chitonga*. Tunyake nthu *mikuruŵiko*.

A Tonga atiti, *chikumbu chimoza kuti chituswa nyinda cha*. Pachifukwa ichi ndiwonga anande ŵala-ŵala, *anyamata*, ndi *asungwana* azeru, wo angundipaska *nthanthi* zinande zozalembeka mu Buku ili. ŵanyake akuwo sonu Chiuta waku ŵato, ŵeniwo nawo mphanyi anguwona Buku lenili - "Mizimu yawo yiwusengi mu Chimango!" Wo ŵachalipo ndi umoyo, "chonde, *mugonenge kutali ndi moto*." Pano ndizumbuwepo mazina ghamanavi ŵaka mwakuwo ndingukumana nawo kundipaska zeru izi: Mr John Chikuse Chirwa; Rev. Blackmore Banda; T Christopher Katenga Kaunda; Mr Stack Banda ndi William Manda Kanyama Chiŵiŵi Mwase (T/A Chiŵiŵi II); Richard Godfrey Chiya

---

1   Filemon Kamunkhwara Chirwa, *Nthanu za Chitonga*, Livingstonia Mission, 1932.

Phiri (Ex-Subchief Zilakoma); Bright Zgawowa Mphande; Goldon Nyirenda; Sam kandondo Banda (MP); Munchindwi (V/H); Chief Malanda (T/A); Malenga Mzoma (T/A); Chief Fuka-mapile (T/A); Msundu (GVH); Chivuta (GVH); Rev. Wesley Manda; Rev.Flywell Chimwembe Mwale; Annisty Kamanga; Maria Banda; Lini Nyamanda (V/H); Richard Mhone; Chrispin Ng'oma; Mode muŵamba; Chazama Winston Phiri; ndi ŵanyake ŵanande wo ndingukumana nawo. *Chiuta wamutumbikene ndi waŵaliye Chisku chake paku imwe!* Chifukwa chakupereŵele nyengo, ŵanande so ndingutondeka kukumana nawo ŵa zeru.

Ndiwonga so Mula wa pamalo po ndigwira nchitu Dr. Dan Chimwenje (Director), *Malawi Institute of Education*, yo wangundipaska nyengo kuti ndiruti kwidu ku *Utonga*, kuti nkhachite kafuku-fuku mwenuyu, chingana nyengo yenga yakufinyirizgika pa nchito yo ndichita. Ndiwonga so Mr Vuwa Phiri, waku *Chancellor College*, Mr Longwe, ku MANEB ndi Rev Dr J.W. Manda Zomba Theological College, wo angundovya kuchonga *nthanthi* zenizi. Ŵa Hon. Aleke Kadona Banda nawo nditiŵawonga ukongwa pakundipaska phamphu kuti ndilembe buku ili, pakuti mbakwanja mwambu ndi midauku ya Chitonga.

Buku ili ndalipaska ulemu nge nchikumbusku ku *Muoli* wangu Mary, yo wangufwililiyapo ukongwa paku tayipa Buku ili, lenga lindarute ku ŵakusindikizga. Ndiwonga so ŵana ŵangu pakuzizipizga ndichilemba Buku lenili. Nyengu zinyake ndaŵafuŵizganga tulo twawo. Kwa pade, ndiwonga ukongwa mwana wangu Isaiah Mphande, yo wakulemba *vithuzithuzi* vya mu Buku ili. Ada ndi Ama, chingana akufwa, ndiwonga kuti angundisambizga *vituwu* vinande. Ndiwonga so Mrs Hilary Mijoga ndi Mrs Georry Kaphuka wo ŵangutayipa so buku ili pakuliselegza mu *computara*. Dr Klaus Fiedler, musambizi waku Chancellor College, wandovya ukongwa, pakurongozga kuti buku ili lisimbike. Yewo ukongwa.

Pakumaliya ndiwonga Chiuta kuti wangundijuliya nthowa kuti nane ndiŵe yumoza wakulemba *nthanthi* za Mutundu wa Chitonga. Ndendi chigomezgo kuti mugonezi wasonu waza muŵelenga Buku lenili ndi phamphu, ndi kurutilizga nchitu yaku unjika pamoza *nthanthi* zinande za Chitonga, zo mu Buku ili mulivi. Ndendi chigomezgo so kuti *Akutaula (Apharazgi)* a mazu ghaku Chiuta nawo, Buku lenili liŵawovyenge. Viŵi-viŵi wo atanja mazu gha mtundu wawo kuti ghaleke kusukuluka. *Nthanthi* zinande za Chitonga ziziŵa kovya kumasuwa umampha mazu ghaku Chiuta gho ghe mu *Baibolo*. Ine ndayamba waka, mlimu uwu, kwene amuvuli mwangu azamuchita vikuru, ndi kufiska mlimu wenuwu.

Ku umaliye kwa Buku ili ndásazgiyako *nthanthi* zinyake, kwambura kupataula vituwu vyake. Zinyake mwakuzo wangundipaska Mr Joseph Tamare Banda, yo nayo nditimuwonga ukongwa pakundizomerezga kuti ndisazgiyeko ku Buku ili. Ndawopa kuti asani ndingazisiya zitayikenge waka. Ndasazgiyapo so *Vindawe* (20), mwakuti ndikumbuski *Ahurwa* ndi *Asungwana*, kuti vyenivi navyo vyakuzirwa.

Nditoruiyepo mwawi wa pade kuthokoza ama a Annisty Kamanga, ŵana achiponde chaka Filemon Kamunkhwawa Gogo Chirwa, wo angundizomerezga kuti nthanthi zo angulemba auskewo nazo ndisazgiyemo mu Buku ili. Muzimu waka Gogo Filemon Chirwa uwusenge mu chimango chaku Chiuta, ndipu zina lawo likumbukikenge mu fuku la uTonga.

Pa umaliye ukongwa ndiwonga ndi mtima wose m'yaa, wo asindikizga buku lenili muno mu Malawi.

Mliska Dr David Kapenyela Mphande (*Mlembi wa Buku lenili*)
(Bandawe, Chintheche, 1999)

Nthanthi za Chitonga
za Kusambizgiya ndi Kutauliya

1. A chigulano

Konkhosko lake: Pa Chitonga munthu yo ngwanthechi (wakutamatama) atiti ndi "chigulano." Munthu waviyo wakumovya watuŵavi, pamwenga akumovya apereŵele. Ndi mazu ghaku kuluŵika.

Tandauzo lake: Munthu yo wakhumba chovyo nyengo zose, pamwenga msokwa, wambura munthu wakumovya.

Kuzirwa kwa nthanthi iyi: nthanthi iyi yitachikambika asane mu muzi, pamwenga mcharu mwe akuvuka, akavu ndi achiti, wo akhumbikwa kuwovya. *Akutaula* mazu ghaku Chiuta, akamba mazu agha pakunena wo mbakavu (asokwa) mu mzimu, wo apenja chipozomosko chaku Chiuta. A Khristu atenele kovya akavu mu mizi yawo.

Mazu ghaku Chiuta gho ghakhozga nthanthi yeniyi:

(1) **Mateyu 15:30**. Ndipo kungumziya mizinda yikuru, yakuŵa nawo pamoza ŵakuganthiya, ŵachiburumutiya, ŵambuwu, ŵakupunduka, ndi ŵanyake ŵanandi, ndipo wanguŵapong'a pa marundi ghake; iyo wanguŵachizga.

(2) **Yohane 5:5-6**. Ndipo wengako munthu yumoza wakuŵa ndi urwali wake virimika machumi ghatatu pachanya vinkhonde ndi vitatu (38). Yesu wati wamuwona, ndiwati waziŵa kuti wenga ndi urwali kwanyengo yitari, wangumfumba, "Unkhumba kuchizgika kumbi?"

2. A matuwuyo

Konkhosko lake: Munthu yo ngwamagomezgeka cha, ndimwenda-nato, pamwenga waboza. Ndi mazu ghaku kuruŵika.

Tandauzo lake: Munthu wa mitima yiŵi, ndipu murwani. Wato maboza kutimbanizga ŵanthu. Wa Viyo atiti, *nchiyuni-songang'a.*

Kuzirwa kwa nthanthi iyi: nthanthi iyi yikambika pakucheŵeska munthu yo watenda ndi murwane, mtimba-kuŵi, waboza ndi wafuzi. Nyengo zinyake akamba munthu yo wavvwika mbiri ya ufwiti.

Mazu ghaku Chiuta gho ghakhozga nthanthi yeniyi:

(1) **Sumu 12:2**. Munthu yose wakamba utesi ku mwanasi wake; ndi milomo yauteremusi, ndi mtima wapaŵi wakamba.

(2) **Yakobe 1:8**. Ndi munthu wa mtima wapaŵi, wakusaŵasaŵa mu mendedu ghake ghose.

(3) **Yakobe 4:8**. Ndereni kufupi kwaku Chiuta, ndipo wanderenge kufupi kwinu. Photoni manja, mwaŵalakwi; ndipo tozgani mitima, mwaŵamitimapaŵi-paŵi.

3. Abaya cha Soro (Soro abaya cha)

Konkhosko lake: Soro nkhayuni ko kadaniya ŵanthu ko kwe njuchi zo zendi uchi unande. Nyengo zinyake yidaniya munthu ko kwe chirwani nge njoka, pamwenga nyalubwe. Pa chitonga pe nthanu ya ŵana ŵaku Tupa wo anguleka kuvwiya apapi ŵawo, *soro* yinguŵadaniya kuziŵi lo pajanga chinjoka chikuru cho chinguŵameza.[1]

Tandauzo lake: Nchamapha cha kukana, pamwenga kunyoza munthu yo waphwere umoyo wako, ndikukupaska vyamampha.

Kuzirwa kwa nthanthi iyi: nthanthi iyi yikambika ndi ŵala pakucheŵeska ŵanthu, kuti apaskengi ulemu ku ŵanthu wo ŵatitiphwere. Tingachitanga nge mba Yuda cha wo angubaya Yesu yo wanguŵadaniya ku Utaski waku Chiuta.

Mazu ghaku Chiuta gho ghakhozga nthanthi yeniyi:

(1) **Yoswa 24:16-17**. Penipo ŵanthu wangwamuka; "Tingasiya Ambuya cha kutataliya ŵachiuta ŵanyake; pakuti ndi Ambuya wo ŵangutituzga ifwe ndi auskefwe mu charu cha Egipiti, mu nyumba ya uŵanda, ndi mweniyo wanguchita visimikizgu vikuru viya mu masu ghidu, wangutisunga mu nthowa mose motingwenda, ndi mukati mu ŵanthu wose wo tinguporo-tamo".

(2) **Machitidu gha Ŵakutumika 4:11-12**. Mweniyo ndi mwa wo anguyeyeka ndi imwe mwa ŵazengi-nyumba wo waŵa mutu wa nyondu. Ndipo kuti mwe utaski mu munyake cha, chifukwa chingana nkhuti kwe zina lamwenga cha pasi pa kuchanya lakupaskika mu ŵanthu, mwaku lenilo tingataskikiya.

---

1   Filemon Kamunkhwala Chirwa, *Nthanu za Chitonga*, Livingstonia Mission, 1932, pp. 113-116.

4. Amunkhwele asekana viphata

Konkhosko lake: Kanande ŵanthu ŵaseka ŵanyawo, pamwenga kukamba za anyau, kweni vyakukwaska yiwo ŵeneku cha. Ndi ŵanthu wo mbalisuza-suza.

Tandauzo lake: Munthu watenele kujiteska iyo mweneko ndi vyakuchita vyaki.

Kuzirwa kwa nthanthi iyi: nthanthi iyi yikambika ndi ŵala-ŵala ŵazeru kucheŵeska ŵanthu ŵa malisuza-suza, ŵeniwo ŵatijiwoneska kuti mbamampha kubwaru kweni mitima yawo njiheni. Ŵanena anyawo, penipo nawo mbaheni.

Mazu ghaku Chiuta gho ghakhozga nthanthi iyi:

(1) **2 Samuele 12:5-7.** Ndipo wangukwiya ukongwa pa munthu yuwa; ndipo wangunena ndi Natani, "Mo aliri amoyo Ambuya, munthu wakuchita ichi ngwakwenere nyifwa; ndipo wakawerezgiyangapo pa kamberere ka kanayi, chifukwa wachita chinthu ichi, ndipo chifukwa chakuti wengavi lisungu." Natani wanguti kwaku Davidi, "Munthu yo ndimwe."

(2) **Mateyu 7:5.** Wakufuvya iwe, tuzgamo danga munthambi wo we mu jiso lako, sono ndipo uwonenge umampha kutuzgamo kachipandi mu jiso la m'bali wako.

5. Boza liwele mweneko

Konkhosko lake: Munthu yose yo ngwa boza waziŵikwa ndi boza lake pose po waja.

Tandauzo lake: Nchamampha cha kwatiya boza anyako asani iwo palivi, chifukwa azamukuvwa vyo wakambanga, pavuli wazamuchita soni ndiwe, achikuko kuti we wa boza.

Kuzirwa kwa nthanthi iyi: nthanthi iyi yikambika ndi ŵala ŵa zeru, pamwenga ma fumu pakweruzga milando mu mabwalo, pamwenga mu mizi, pakucheŵeska wo ŵapingiya ma boza kwanyawo kuti ŵaleki. Nchisambizgo ku ahurwa ndi asungwana kuti boza ndiheni, uziŵa kusele nalo mu masuzgo.

Mazu ghaku Chiuta gho ghakhozga nthanthi yeniyi:

(1) **Nthanthi 6:19.** Kaboni mutesi mweniyo watuzga mautesi, ndi munthu mweniyo wakhuŵizga zindeu pakati pa ŵabali.

(2) **Yesaya 28:15.** Pakuti mwakamba kuti, "Tachita phanganu ndi nyifwa, ndi muunda tazomerezgana; asani likhwechu likuru likapo kuti likazanga kwaku ifwe cha, pakuti maboza ndigho tato ku a chakudingang'amo chidu, ndipo mu utesi tabisama."

(3) *Yesaya 28:17b.* "Vuwa ya matalala yikapeyanga mphanji ya maboza, maji ghakaburumutizganga malo ghakubisamapo."

(4) *Machitidu gha Ŵakutumika 5:3.* Kweni Petro wanguti, "Hananiya, chifukwa chine Satana wazaza mtima wako kuti upusike iwe Mzimu Wakupaturika ndi kuti ujibisiye cha ku mtengu wa charu cho?

6.   Changa epa wamko ku mchira wataya

Konkhosko lake: Kanyama ka *Changa* kukako ku mchira kafyolopoka ndi kuthaŵa yii!

Tandauzo lake: Viripu vinthu vinyake vyo asani taleka kuphwele umampha vimala luŵi, ndipu tisiyana navyo luŵi.

Kuzirwa kwa nthanthi iyi: nthanthi iyi yichenjezga taŵanthu kuti tileki kumiziliya chinthu cho chiswela cha kumara. Nge nchakweluzgiyapo, munthu watenele kusankha nchitu yo yimutoliyenge vyaka vinande. Chingana mphakusankha maluso, tisankhe ngo nga chanduku. Tisankhe mwazelu. *Apharazgi* achenjezga ŵanthu kuti atenele kupenja Chiuta po weche kusanilika.

Mazu ghaku Chiuta gho ghakhozga nthanthi yeniyi:

(1) *Mateyu 6:19-20.* "Mungajiŵikiya mbiku panupasi cha, penipo nyenji ndi murozu vitananga, ndi penipo ŵankhungu ŵabukutuwa ndipo ŵatuba. Kweni mujiŵikiye mbiku kuchanya, kweniko nyenji chingana ndi murozu kuti vitananga cha, kweniko ŵankhungu kuti ŵabukutuwa chingana nkhuba cha."

(2) *Marko 14:11.* Ndipo wachivwa wangukondwere, ndipo wangupangana kumpaska ndarama. Ndipo wapenjanga mo wampachiriyenge pa nyengo yakwenere.

7.   Chanju chambura mphaka

Konkhosko lake: A Tonga pakukamba mazu agha anena kwanjana ko kutenele kuŵapo pakati pa murumi ndi muoli wake, pamwenga chanju chapakati pa mabwezi.

Tandauzo lake: Munthu yo wendi chanju chikuru pa muwoli, pamwenga pa murumi wake. Chanju cho chibatika ŵaŵi kuŵa pamoza, kuliŵavu ndi ku Mzimu viyo. Chanju chambura kupereŵele.

Kuzirwa kwa nthanthi iyi: nthanthi iyi yikambika nge ndi *thokozu*, pamwenga chiwongo, ku ŵanthu wo nthengwa yawo ye pachimango. ŵanthu awona kachitiru kawo, ndi kayendedu kawu, ndipu asaniya kuti wo ŵaŵi mbakwanjana kwakufikapo, palivi kakuŵapatuwa, kweni nyifwa pe ndiyo yingapatuskana. *Akutaula* mazu ghaku Chiuta akamba nthanthi iyi pakukwatiska nthengwa, kuchiska wo atorana kuti akayanjanenge nyengo yose ya umoyo wawo.

Mazu ghaku Chiuta gho ghakhozga nthanthi yeniyi:

(1) *Luka 15:4-7.* Wanguti, Munthu njani mwaku imwe, yo we nazo mberere machumi pe chumi, ndi wataya yimoza yaku zo, wareka kusiya machumi ghankhonde ndi ghanayi pachanya nkhonde ndi zinayi kubozwa ndi kuruta pavuli pa yakutayika yo, mpaka wangayibowozga? Ndipo wachiyibowozga, wayiŵika pa maphewa ghake, wakukondwere. Ndipo wati waza kwake, waŵadaniya pamoza ŵabali ŵake ndi ŵanase, wakuŵanene, 'Kondwereni pamoza nane, pakuti ndabowozga mberere yangu yakutayika yo.' Ndikuneniyani, kuti viyo ndimo kuŵiyenge chimwemwe kuchanya pa mlakwi yumoza wakung'anamuka, kwakuruska pa ŵarunji machumi ghankhonde ndi ghanayi pachanya ŵankhonde ndi ŵanayi, ŵeniwo ŵalivi msyowu wa chipe.

(2) *Yohane 3:16.* Pakuti Chiuta wangwanja viyo charu, viyo wangupaska Mwana wake wakuwayija, alinga kuti yose wakuvwana mwaku iyo wareke kutayika, kweni waŵe ndi umoyo wamuyaya.

(3) *1 ŴaKorinte 13:7.* Chanju Chikandirizga vyose, chivwana vyose, chigomekezga vyose, chikunthiyapo vyose.

8. Charu mbanthu (Charu mbanthu mahara nchiyuni)

Konkhosko lake: Charu chinganozga cha kwambura ŵanthu.

Tandauzo lake: Munthu watenele kuphwele umoyo wake.

Kuzirwa kwa nthanthi iyi: nthanthi iyi yikambika ndi ala, pakucheŵeska *Ahurwa* ndi *Asungwana* kuphwele umoyo wawu; chifukwa ŵana ndiviharo vya mugonezi wo utuza. Nyengo zinyaki nthanthi iyi yikambika muzinyifwa, nge nkhuliya asani mwana wafwa.

Mazu ghaku Chiuta gho ghakhozga nthanthi yeniyi:

(1) *Marko 8:36.* Chifukwa kumovyengenji munthu kwanduwa charu chose, ndi kutayapo umoyo wake?

(2) *Yohane 1:10.* Wenga mu charu, Charu chingwatika ndi iyo, kweni charu chengavi kumziŵa.

(3) *Yohane 17:14*. Ine ndaŵapaska mazu ghinu; ndipo charu cho chaŵatinkha, pakuti kuti mba charu cha, nge ndimo ine ndiriri wa charu cha.

9. Chifukwa chawezi waku Chiuta nyumba yazungula

Konkhosko lake: A Tonga avwana kuti vinthu vyose vyamampha vipaskika kumunthu, chifukwa cha wezi ndi lisungu laku Chiuta.

Tandauzo lake: Chiuta wapaska vyawanangwa ku mbumba yake chifukwa cha wezi ndi lisungu lake.

Kuzirwa kwa nthanthi iyi: nthanthi iyi yikambika nge ndi thokozu, kumuwonga Chiuta chifukwa chakupereka vyamampha kuŵanthu ŵake, nge vyakurya, vuwa ndi vinyake vyaviyo. *Apharazgi* a mazu ghaku Chiuta achiska ŵanthu ndi nthanthi yeniyi kuwonga wezi ndi lisungu laku Chiuta vyo watitichitiya.

Mazu ghaku Chiuta gho ghakhozga nthanthi yeniyi:

(1) *Yona 4:2*. Ndipo wanguromba ku Ambuya, ndi wanguti, "Ndimurombani, Ambuya, ndatinge uku ndiko kunguŵa kukamba kwangu, penipo ndenga ndeche mu charu changu? Pa chifukwa cho ndinguthaŵiya ku Tarshishi; chifukwa ndinguziŵa kuti ndimwe Chiuta walisungu, ndi wawezi, wachizita kukalipa, ndipo wakuzala chanju, ndi wakugowoke uheni.

(2) *1 Mikoka 4:10*. Ndipo Yabezi wadananga kwaku Chiuta waku Yisraele kuti, "Munditumbike ndi kukuzga charu changu, ndi kuti janja linu liŵenge nani, mundisunge ku uheni, mwakuti ureke kundipweteka," ndipo Chiuta wangumupaska cho wanguromba.

(3) *Sumu 132:15*. Ndikamusambasiskanga mwaku vyose vyo wakavuka; ndigutiskenge usauchi wake ndi vyakurgha.

(4) *Yoele 2:13b*. Ng'anamukiyani ku Ambuya Chiuta winu, chifukwa ngwamampha ndi walisungu, wambura kukalipa ruŵi, ndi wakuzara chanju chikuru, ndi wakugowoke uheni.

10. Chigawo nkhumupozwa

Konkhosko lake: ŵala-ŵala ŵatenele kuphwere *amupupuka* mumizi yawo; mwakuti ŵana ŵasambizgikenge malusu ghakupambana-pambana vyo vingaziŵa kuwovya kunthazi. Kweni kuŵajowo ŵaka cha, pamwenga kuŵanyoza cha, chifukwa mugoneze wo utuza ngwawu. Nawo ŵamusambizga so ŵana ŵawo. A

Tonga, asani kwe mleli wachakurya kunthazi, atachileleska ko kwe mupozwa kutipitiya kwake.

Tandauzo lake: ŵana nchiharo, ndiwo tigomezga kuti azamupanga fuku lakunthazi asani mugonezi wa ŵala wamara.

Kuzirwa kwa nthanthi iyi: nthanthi iyi yikambika ndi ŵala ŵa zeru, viŵi-viŵi munyengo za maliro asani muhurwa pamwenga musungwana wafwa. Ndinthowa yimoza yaku liliya. Nyengo zinyake ndimazgu ghaku cheŵeska wo atinkha ndi kuchenya ŵana ŵawo ndi mathembo. Chenjezgo ku ŵana nda kuti aleki kurondo maluso ghaheni gho ghaziŵa kuŵadaniya nyifwa luŵi. Viŵi-viŵi kujikanizga kuchita uzaghale/uleŵi ŵenga andatorane nthengwa. Chifukwa mazuŵa ghano kwe nthenda yiheni ya *Kaondeonde* (HIV/AIDS), yo yamala *asungwana* ndi *anyamana*. Sonu charu chiharengi yani asani ŵa mupupuka amara?

Mazu ghaku Chiuta gho ghakhozga nthanthi yeniyi:

(1) *Marangu 6:6-7.* Mazu yagha ndikulanguliyani zuŵa ili ghaje mu mitima yinu. Mughasambizgenge ku ŵana ŵinu kwalwana; ndipo mughakambenge muchija mu nyumba zinu, ndi penipo mutenda mu nthowa, ndi penipo mugona pasi, ndi penipo muyuka.

(2) *Sumu 78:5-7.* Angupereka malangulu ku ŵanthu ŵaku Yisrael, ndi marangu ku mphapu yaku Yakobe. Angupereka virunguchizgu ku auskefwe kusambizga malangulu ghawo ku ŵana ŵawo, alinga kuti mgonezi wo utuza uvisambirenge, ndi kuti pavuli pake ŵakambiyenge ŵana ŵawo. Mu chifukwa ichi iwo nawo ŵakaŵikanga chigomekezgu chawo mwaku Chiuta, nyengo zose kuvwiya marangu ghake.

(3) *Luka 18:16.* Kweni Yesu wanguŵadaniya kwake, wakuti, "Tuzomerezgeni twana kuza kwaku ine, ndi mungatukanizganga cha; chifukwa ngwa twaviyo ufumu waku Chiuta."

11. Chikumbu chimoza kuti chituswa nyinda cha

Konkhosko lake: Po pe suzgu ukhumba munyako kuti wakovye, wijawija cha. Tingayeruzgiyapo kuti nkhunonono ukongwa 'chikumbu chimoza kuswa sabwi/nyinda.' Kulivi munthu wangaja yijayija pade, nge nchirwa mnyanja.

Tandauzo lake: Mu umoza mwe nthazi. Ta ŵanthu tijaliyana yumoza ndi munyake. ŵala-ŵala atiti, *kekija nkha nyama, ŵaŵi mbanthu.*

Kuzirwa kwa nthanthi iyi: ŵala-ŵala ŵatiti nthanthi yeniye yisambizga ŵanthu kuzirwa kwa umoza mu nyumba zidu pamwenga mu mizi yidu. Mafumu ndi ŵarongozgi ŵa zindale ŵakambiya ŵanthu umampha wakukoliyanako mu mizi ndi mu charu chawo, mwakuti muŵengi chimangu pe.

Mazu ghaku Chiuta gho ghakhozga nthanthi yeniyi:

(1) *Ŵerengani 2 ŴaKaronga 17:2; ndi Yesaya 7-8; 36-39.* Mu mbiri pamwenga mkoka wa ŵana ŵa Yisraele mu muusu wa Fumu Davidi ndi mwana waki Solomoni vinthu vyose vyenga umampha. Mwenga uromba unande ndi chimango chakuzala. Chenga chinonono kuti ŵarwani ŵasele mu charu échawo. Kweni charu chati chagaŵikana, wati wafwa Fumu Solomoni mu chaka cha 721 BC. Charu chaku nkhonde cha Yisrael chingutoreka ndi Asuri, ŵarwani ŵawo. Mu chaka cha 585 BC Juda nayo wangutoreka ndi Babulo, chifukwa chakuti ŵana ŵa Yisrael ŵangutayana, ŵenga pamoza cha.

(2) *Yohane 17:21-25.* Yesu warombe asambizi ŵake kuti ŵaŵe amoza.

(3) *1 ŴaKorinte 12:12-31.* Umoza wa Ekleziya wenge viŵalo vya liŵavu vyo vichitiya pamoza kuti umoyo wa munthu ufwase. "Chifukwa uli ndimo liŵavu ndimoza, ndipo lenavyo viŵaru vinande. Kweni vyose viŵaru vyo vya liŵavu, nanga vinandi, vye liŵavu limoza; viyo so ndi Kristu nayo....."

12. Chingana nyoko waŵi ndi nyivu ndi nyoko mbwenu

Konkhosko lake: Asani apapi akota ndipu nyivu zame, kanande mbakunyozeka utinge alivi so nchitu mcharu. Nchakuzirwa mwa ŵana kwanja apapi ŵino chingana angakota nyivu tuu!

Tandauzo lake: Nchamampha cha kunyoza anyoko, chifukwa chakuti mbakukota pamwenga mbakavu. Apapi mbapapi mbwenu.

Kuzirwa kwa nthanthi iyi: Ŵala-ŵala ŵakamba nthanthi yeniyi nge nkhuchenjezga ahurwa ndi asungwana kuti angayuyuwanga pamwenga kunyoza mupapi cha. Mupapi ndi mupapi mbwenu. Nyengo zonse mpapi watenele kupaskika ulemu wa pade.

Mazu ghaku Chiuta gho ghakhozga nthanthi yeniyi:

(1) *Nthanthi 10:1.* Mwana wazeru wakondwereska awiske, kweni mwana wakupusa nchitima ku anyina."

(2) *Nthanthi 23:22.* Tegherezga ku usu mweniyo wangukupapa, ndipo reka kunyoza nyoko penipo wakota.

(3) *Nthanthi 30:17.* Jiso lenilo liyeya awiske ndi kutukana kuvwiya anyina, lika-tondorekanga ndi ŵachaholi ŵamu dambo ndi kurghika ndi makuŵi.

13. Chinjeru chendi ndamwene

Konkhosko lake: Munthu yo ngwakujikuzga wakhumba kuvwa cha vyo atimu-nene anyake, mazu ghachenjezgo.

Tandauzo lake: Nkhujidaniya urwane asane munthu waleka kuvwa chenjezgo la anyake.

Kuzirwa kwa nthanthi iyi: nthanthi iyi yikambika pakuchenya munthu wambu-ra kuvwiya chenjezgo, pamwenga chichinyiya chaŵanyake, asani waŵa musuzgu.

Mazu ghaku Chiuta gho ghakhozga nthanthi yeniyi:

(1) *Nthanthi 1:7.* Kopa Ambuya ndiku kwamba kwa zeru; wakupusa wayeya chinjeru ndi visambizgu.

(2) *Nthanthi 11:2.* Asani patuza kujikuzga pavuli patuza chilengesku; kweni pamoza ndi wakujiyuyuwa ndi zeru.

(3) *Nthanthi 29:20.* Utumuwona munthu mweniyo ngwafulumila mu mazu ghake? Ungamugomezga mubereŵeza kwakuruska iyo.

14. Chinthu cho utanja ndicho chitikupata

Konkhosko lake: Viripu vinthu vinyake vyo ŵanthu atanja, kweni vitiŵananga so umoyo wawo. Nyengo zinyake abali wo utanja, pamwenga ma bwezi, ndiwo so atuŵa arwani ku umoyo wako.

Tandauzo lake: Munthu yo utanja ukongwa ndiyo waziŵa so kukugongoweska umoyo wako; pamwenga ndiyo waziŵa kuŵa murwani wako.

Kuzirwa kwa nthanthi iyi: nthanthi iyi yikambika pakusambizga *asungwana* ndi *ahurwa* kuti achenjengi, vinu angasere mu maluso ghaheni, ghenigho asani aghayamba ghajaliliyenge mu umoyo wawo. Ghawoneka nge ngamampha, kwe-ni kunthazi ghaziŵa kunanga umoyo wawo. Chakweruzgiyapo ndi *moŵa.* Ŵanthu anande atanja kumwa moŵa wakupambanapambana, kweni anande so akuwo, utiŵananga umoyo wawo: atachiŵa akavu, anyake andeu, anyake akuba, anyake akutomboroka, anyake ambura zeru ndi kumaliya kukufuntha. Chingana ndi vyakurya vinyake vyo ŵanthu aturya, anyake viŵawuwa liŵavu lawo, anyake vitiŵapaska nthenda zinyake. Foja wananga mapapu gha munthu.

Nyengo zinyake nthanthi iyi yicheŵeska ŵanthu kuti achenjengi ndiwo atanjana nawo ukongwa chifukwa kunthazi aziŵa kuŵa arwani ku umoyo wawo. Nchamampha kusankha chinthu cho kuti chinanga umoyo wako cha. *Akutaula* akamba nthanthi iyi pakuchiska ŵanthu kwanja Yesu, yo wataska ku masuzgu ghose. Acheŵeska ŵanthu wo atanja maluso ghaheni gho ghangaziŵa kunanga umoyo wawo.

Mazu ghaku Chiuta gho ghakhozga nthanthi yeniyi:

(1) *Hoseya 11:1-2.* Po Yisraele wenga mwana ndingumwanja, ndipo ndingumudana mwana wangu kutuwa mu Egipiti. Mo ndinguŵadaniya, ndimu so wangutuwiyako kwaku ine; wangurutiriya kupereka sembe ku ŵaBala, ndi kuŵawoche vyakununkhira ŵangoza.

(2) *Yeremiya 12:6.* Pakuti chingana mbana ŵanyinu ndi mphapu ya auskemwe iwo nawo ŵachita namwe kwakupusika, ŵaliya, kwakufikapo kuliriya imwe; mungavwananga nawo cha, chingana ŵangarongoro namwe mazu ghakunozga.

(3) *Ŵerengani Luka 22:54-62.* Yesu wangumwanja ukongwa Petro, kweni pavuli ndiyo so wangumukana katatu: "Kweni Petro wanguti, 'Wamunthu, kuti ndiziŵa cha chenicho ukamba.' Ndipo sosonu kweni wachirongoro iyo, tambala wangukokoŵereka. Ndipo wangung'anamuka Mbuya, wangulereska Petro. Ndipo Petro wangukumbuka nenedu la Ambuya, mo ŵangumunene, 'Weche wandakokoŵereke tambala, undikanenge katatu.'"

15. Chipepe cheku nyika: ndi wondwe[2]

Konkhosko lake: Mazu agha ghenga ghakujuriya rombo muvisopo vya ausekurufwi mwaka pakuromba kuti Chiuta, *Mlenga-vuwa*, waŵapaske.Mazu ghakuti *nyika* ghang'anamuwa mapire pamwenga *mitunthu.* Munyengo zake mapire ghavwalira luwondwe kurongo kuti vuwa yekupupi.

Tandauzo lake: Kuchanya kuwoneka vuwa yinande: chifuku chepafupi.

Kuzirwa kwa nthanthi iyi: nthanthi iyi yikambika chifukwa nacho che pafupi pa rombo lakurombe vuwa munyengo za chilala. Asani vuwa ye pafupi kuza ŵanthu asangaruka pamoza ndi nyama viyo kuti charu chiŵe ndi maji.

Mazu ghaku Chiuta gho ghakhozga nthanthi yeniyi:

(1) *Jobu 5:10.* Wang'iska vuwa pa charu, ndi watuma maji pa minda.

---

2   A.G. McAlpine, *Tonga Religious Beliefs and Customs*, p. 383.

(2) *Sumu 104:10.* Mubwibwituska maji mu madambo, ghatenda mukati mu mitunthu.

(3) *Yesaya 55:10.* Pakuti mo vuwa ndi chiuyi viziya pasi kutuwa kuchaya, ndipo kuti viwere so kuwa cha kweni vizumbwiska charu chapasi, kuti chituzgenge ndi kumezga, kupaska mbeu ku wakumija ndi kurgha ku wakurgha.

16. Chisausau che kuchanya

Konkhosko lake: Chithuzithuzi chochituza mu mitu yidu, pa nthanthi iyi, chilongo nge maluzi ghatari, pamwenga vimasale vyo vime pachiziŵi. Asani vuwa yaza vikukurwa ndimweza kuruta munyanja.

Tandauzo lake: Kuwunjikana kwa mitambo kuchanya, kurongo kuti vuwa yagona kuchanya.

Kuzirwa kwa nthanthi iyi: nthanthi iyi ndi mazu ghakundanga gha rombo. Mwaka *ausekurufwi* achirombe vuwa ayambanga rombo lawo ndi mazu ghenagha kuti Chiuta waŵapaske vuwa munyengo za chilala. *Akutaula (apharazgi)* a mazu ghaku Chiuta, achiska ŵanthu munyengo zo vuwa yakalala kuromba kuti Chiuta, *Mlenga-vuwa,* watipaske.

Mazu ghaku Chiuta gho ghakhozga nthanthi yeniyi:

(1) *Ŵerengani 1 ŴaKaronga 18:41-45.* Tisambira kuti mchimi Eliya pa phiri Karmele wanguromba kwaku Chiuta kuti wapereke vuwa kuŵanthu po vuwa yinguleka kuwa. Nyengo yati yakapo yimanavi waka ka mtambo kangwamba pa nyanja ko kanguza ndi vuwa yikuru, ndipo pa nyengo ya chinkhonde ndi chiŵi, wanguti, "Ehe, kamtambo kadokudoku nge ndi janja la munthu kakwera kutuwa mu nyanja." Sono wanguti, "Ruta kwera, kamunene Ahabu, 'Rongoso gareta lako ndipo rutanga usikenge, vinu vuwa yingakumika.'"

(2) *2 Mikoka 7:13-14.* Asani ndijara, machanya kureka kung'iska vuwa, pamwenga asani ndalanguliya zombi kurgha vyamu charu, pamwenga ndituma nthenda mukati mu ŵanthu ŵangu. Ndipo asani ŵanthu ŵangu wo ŵadanika ndi zina langu ŵatijiyuyuwa, ŵaromba ndi ŵapenja chisku changu, ŵaweko ku nthowa zawo ziheni, po ndipo ndikavwanga kuchanya ndi kuwagoŵoke uheni wawo, ndi kuchizga charu chawo.

17. Chiuta wakuchanya

Konkhosko lake: A Tonga endi chigomezgo chakuti palivi munthu yo wakuwona Chiuta; pa chifukwa ichi palivi chinthu cho tingayeruzgiyapo Chiuta, nanga ndi mazu pe ghasoŵa ghakweruzgiyapo Chiuta.

Tandauzo lake: Chiuta kuti wawoneka ndi maso cha, ndi Karonga wa ŵakaronga.

Kuzirwa kwa nthanthi iyi: Akutaula mazu ghaku Chiuta akamba nthanthi iyi kurongo kuti musumba waku Chiuta wekuchanya; kweni so Chiuta ndiyo *Mlenga-charu, Kajati,* kwaku Iyo marumbu ghatenele kuperekeka. Kulivi munthu yo wakuwona Chiuta wa muyaya.

Mazu ghaku Chiuta gho ghakhozga nthanthi yeniyi:

(1) *Sumu 19:1.* Machanya ghakonkhoma unkhankhu waku Chiuta; mtambo urongo nchitu za manja ghake.

(2) *Yesaya 40:25.* Na sono mundiyaniskenge ndi yani, kuti ndikozgani nayo? watiti Mtuŵa yumoza yo.

(3) *Yeremiya 23:24.* Kumbi munthu wangajibisa mu malo ghakubisika kuti ine nditondeke kumuwona? atiti Ambuya. Asi ine ndizaza kuchanya ndi charu chapasi? Atiti Ambuya.

18. Chiuta wamto

Konkhosko lake: Fundu yikuru njakuti, nyifwa yituwa kwaku Chiuta, mwakuti yo wafwa wakaŵi pamoza ndi Ambuya. (Kweni anyake atiti nyifwa yituwa kwaku Satana).

Tandauzo lake: Munthu umoyo wake uturiya kwaku Chiuta. Mu chifukwa ichi, nyifwa ndi mdano waku Chiuta yo wasunga mizimu ya ŵakufwa.

Kuzirwa kwa nthanthi iyi: nthanthi iyi yikambika panyengo ya maliro, nge nkhukhwimiska wo mbakuyowa, kuti mnyidu yo wafwa ndi mwana waku Chiuta, waruta ku Awiske wo amuto. Ndipo ndiwo amusunga umoyo wake. *Apharazgi* akamba kuti "Chiuta, Mlengi, watore kwaki umoyo wa mwana waki."

Mazu ghaku Chiuta gho ghakhozga nthanthi yeniyi:

(1) *Marangu 34:5-6.* Viyo Mosese mteŵeti wa Ambuya, wangufwiya penipa mu charu chaku Moabu, kwakuyana ndi mazu gha Ambuya, ndipo wangumuŵika mu dambo mu charu chaku Moabu kuthyana ndi Betepeari, Kweni palivi munthu yo waziŵa malo gho wakuŵikikapo mpaka zuŵa lino.

(2) *Sumu 27:10.* Ada ndi ama ŵandisiya, kweni Ambuya anditonge.

(3) *Sumu 49:15.* Kweni Chiuta wawombonge mzimu wangu ku muunda chifukwa ndiyo wakandilondiyanga.

19. Chiuta, 'Mlimiliya' ndi 'Mlera-ŵana'

Konkhosko lake: Agha ndi mazina ghanyake ghaku Chiuta mu Chitonga, gho gharongo nkharu yaki.

Tandauzo lake: Chiuta ndi *M'paski* ndi *M'sungi* wa umoyo, ndipo ndiyo wapereka vuna yose yamampha mu munda.

Kuzirwa kwa nthanthi iyi: Akutaula akamba nthanthi iyi pakuwonga Chiuta pa vyawezi vyo wapereka ku ŵanthu, nge ndi vuwa, vuna ndi vyose vyakovya umoyu wa ŵanthu.

Mazu ghaku Chiuta gho ghakhozga nthanthi yeniyi:

(1) *Chiyambo 1:29.* Ndipo Chiuta wanguti, "Awonani ndakupaskani mbeu yose yakupasa chipasi yo yepa charu chose chapasi, ndi muti we wose wakuŵa ndi nje mu chipasi chake vikaŵanga kurgha kwinu.

(2) *Sumu 104:14.* Mumezge ng'ombe uteka ndi mbutu kuti munthu waziphwere, viyo ŵaronde vyakurgha mu charu.

(3) *Sumu 136:25.* Ngwakupaska kurgha ku ŵanthu ndi nyama yose chifukwa nchamuyaya chifundu chake.

20. Chiwele vuli chingubaya Tungwa

Konkhosko lake: Pa Chitonga pe nthanu yeniyo yititi *Tungwa* wanguwere vuli wati wasoka kali ulendo wake kwa chiwona mbumba yake. Pavuli pake wangupima kuwele so vuli, penipo wangukumana ndi *Nyalubwe* ndipo wangumurgha.

Tandauzo lake: Nchamampha cha kuswa cho wapangana, pamwenga kuswa fundo yo wakhogza.

Kuzirwa kwa nthanthi iyi: nthanthi iyi yichenjezga ŵanthu kuti nchamampha cha kuthaŵiriya pakukhozga kanthu, pamwenga pakukhozga fundu. *Apharazgi* acheŵeska ŵanthu kuti aleki kuwele vuli asani ang'anamuka mtima

Mazu ghaku Chiuta gho ghakhozga nthanthi yeniyi:

(1) *Chiyambo 19:17.* Ndipo wanguti waŵatuzga, wanguti, "Thaŵani, pozomoskani umoyo winu; mungalereskanga kuvuli cha chingana nkhuma kose mu dambo mo; thaŵiyani mu mapiri, vinu mungafwa"

21. Chiyuni-songang'a

Konkhosko lake: A Tonga endi nthanu yakuti, *Fumbanani mungabayana waka,*[3] yisambizga kuti befu ndamampha cha pa muzi kwambura kuja kaulu-kaunkhaka kuti muteske danga tunthu. *Chiyuni-songanya* chingukhuŵizga ŵanthu a mizi yiŵi kuti abayane, chifukwa cha chisime. Sonu pavuli ati abayana chinguja pa muti ndikunena kuti, "Fumbanane mungabayana waka chifukwa ine ndini ndakhuŵizga."

Tandauzo lake: Munthu yo wapereka fuzi kuti anthu apindikani pa muzi.

Kuzirwa kwa nthanthi iyi: nthanthi iyi yikambika pakuchenya munthu yo ndimwenda-nato (waboza) ndi wakutinkhiskana anyake. Nyengo zinyake yikambika pakucheŵeska munthu kuti waleki kwenda ndi munthu yo ngwamtimba-kuŵi (wa mitima yiŵi), waboza, ndi wachinyengo. *Akutaula* mazu ghaku Chiuta achenjezga ŵanthu kuti angayendanga cha ndi ŵanthu aheni ndi amaboza.

Mazu ghaku Chiuta gho ghakhozga nthanthi yeniyi:

(1) *Sumu 1:1.* Wakutumbikika ndi munthu yo kuti watenda mu fundu ya ŵaheni cha, ndi mu nthowa ya ŵakunanga kuti watuma cha, nanga ndi mukuteka kwa ŵakuyeya kuti wajamo cha.

(2) *Nthanthi 29:22.* Munthu wachikwiya wayuska ndeu, ndipo munthu wa chikalalizga wachitiska utimbanizi unandi.

(3) *Ŵerengani Machitidu gha Ŵakutumika 19:21-34.* Apa tisambira mo munthu waku Efeso, zina lake Demetrio wangukhuŵizgiya mzinda wa ŵanthu mu msumba uwa.

22. Chizimbu chakubisamamo

Konkhosko lake: "Chizimbu" ndinyumba ya kayuni. A Tonga achiti *chizimbu,* akamba nyumba yakugonamo, chingana yiŵe yambura malata ndi nyumba mbwenu. Ndi mazu ghaku kuluŵika.

Tandauzo lake: Nyumba yakugonamo.

Kuzirwa kwa nthanthi iyi: nthanthi iyi, yikambika nge ndi viwongo kumunthu yo wajizenge nyumba yakujamo, kuruska kupempheska malo kuŵanthu. Kuŵa ndi nyumba utaskika kuvinandi. *Akutaula* achiska wanthu kuzomera Chiuta kuti chiŵe chakubisamamo chawo munyengo yasuzgu.

---

3 *Mcapu wa Chitonga*, p. 22.

Nthanthi 21:   Chiyuni – Songang'a

Mazu ghaku Chiuta gho ghakhozga nthanthi yeniyi:

(1) *Luka 9:58.* Ndipo Yesu wanguti kwake, "Akambwe ŵe nazo mphanji, ndipo tuyuni twa kuchanya vivimbu; kweni Mwana wa munthu walive pakusamira mutu."

(2) *Sumu 84:3.* Nanga mbakaŵizuŵizu ŵatijizenge nyumba, ŵakaŵeruŵeru nawo vivimbu vyawo; ŵasunga twana twawo pa majochero ghinu, Ambuya ŵa maŵanja, karonga wangu ndi Chiuta wangu.

(2) *Nthanthi 27:8.* Mwenimo kalandiya kayuni kutuwa ku chizimbu chake ndimu wachitiya munthu mweniyo walanda ku nyumba yake.

23. Cho chingukwezga Pusi, chingukwezga Munkhwere

Konkhosko lake: Kukondwere pa suzgu ya munyako nkhuheni.

Tandauzo lake: Kuseka munyako yo we pasuzgu nchamampha cha, chifukwa mawa suzgu yaviyo yazamukuŵa paku iwe.

Kuzirwa kwa nthanthi iyi: Sambizgo la nthanthi iyi njakuti titenele kuchitiya lisungu munyidu yo we pasuzgu. Kaya mbanyidu wotisambira nawo sukulu, pamwenga kugwira nchito pamoza, tireke kuŵaseka asani suzgu yaŵazinga, kweni tiŵawovyi.

Mazu ghaku Chiuta gho ghakhozga nthanthi yeni:

(1) *Jobu 19:21.* Muŵe nane ndi lisungu O, imwe mwa ŵabwezi ŵangu, chifukwa janja laku Chiuta landikwaska!

(2) *Sumu 35:19.* Kuti ŵakondwa paku ine cha, wo mbamawongo ŵangu kwambura kafukwa, ŵareke kuphaniya jiso ŵakunditinkha kwaŵaka.

(3) *Nthanthi 24:17-18.* Ungakondweriyanga asani wakupindikana wako watuwa ndipo mtima wako ungasekeriyanga wachiguŵa; vinu Ambuya angawonako ndi angakalipa, ndi kutuzgako kwaku iyo ukari wawo.

24. Cho chituza chitumba ng'oma cha

Konkhosko lake: Viripu vinthu vinyaki vyo vititiziya mumabuchi-buchi, yipu titenele kuja akunozgeka-nozgeka.

Tandauzo lake: Chinthu cho ncha paluŵi chitenele kuchitika luŵi-luŵi.

Kuzirwa kwa nthanthi iyi: nthanthi yeniyi yicheŵeska (kusambizga) munthu kugwira nchitu luŵi yo wapaskika. Nchakuzirwa kusunga nchito yako kuti vinu munyako wangakuronda. Ndipu so asani nchitu zakupanikizga zinande uchita umapha cha. Yo ndi *mlinda-nyumba* wagona cha kopa kuti vinu mweneko nyumba wangamsaniya we mtulu, pamwenga akuba angasere kuyola vinthu. *Apharazgi* achiska a Khristu kujikhozga ndikuŵa maso. Yesu watuza.

Mazu ghaku Chiuta gho ghakhozga nthanthi yeniyi:

(1) *Sumu 102:7.* Ndicherezga wambura tulo, ndaŵa nge nkhayuni kakuŵa kija pa bagha pachanya.

(2) *Habakuku 2:1.* Ndimenge pa ulinda wangu kulonda, ndijenge pa chitanthali, ndi kukhazga kuti ndiwone cho wandikambiyenge, ndi cho ndimukenge pa madinginiku ghangu.

(3) *Mateyu 26:41.* "Khazgani, ndi rombani, alinga mureke kusere mu kesedu, mzimu nadi ngwakukhumba kuromba, kweni liŵavu ndakutomboroka."

(4) *Marko 13:35-36.* Khazgani viyo: chifukwa kuti muziŵa cha po mweni-nyumba wakaziyanga, manyi nkhu mazuro, manyi ndi usiku pakati, pamwenga pa tambala wakokoreka, pamwenga ku mlenji.

(5) *1 Petro 4:7.* Kweni umari waku vyose waŵandika: viyo muŵe ŵavinjeru, ndipo ninizikiyani ku marombu.

25. Cho chiwenge pano nchakutose

Konkhosko lake: Munthu watenele kuseka munyake cha asani ghamuwiya masuzgu. Titenele kovyana, pakutuzgapo suzgu yo munyidu yamuwiya pamuzi. Ndi *nthanu* yo akamba pa Chitonga.[4] Po mbeŵa zenga musuzgu zingufumba chovyo kunyama zinyawo. Kweni nyama zinyawo zingukana kovya. Pavuli pake nazo zingubayika po fumu yati yafwa mu muzi ndi urwirwi wa njoka. Nge nkharuso pa nyifwa *nyoli*, *mbuzi*, *ng'ombe* ndi vinyake vya viyo, vibayika nge ndi dendi pa nyifwa. Pakuthaŵa mbeŵa zatinge; *chochiwenge pano nchakutose.*

Tandauzo lake: 'Cho chawona munyako charutapo mawa chazamuwona iwe,' mwaviyo titenene kusekana cha.

Kuzirwa kwa nthanthi iyi: nthanthi iyi yisambizga kuzirwa kwakovyana; pakuchitiya vinthu pamoza, mwa masanga. Kweni so ndichenjezgo kwakuyo wachita uheni pamuzi, chifukwa uheni waviyo uziŵa kukwaska pa muzi, wo mbarunji. Mwakweruzgiyapo, ŵala atiti, asani munthu wachita *chigololo* pa muzi chilangu

---

4 Filemon K. Chirwa, *Nthanu za Chitonga*, pp. 54-57.

cho chituza chiziŵa kukwaska wose pa muzi, kaya ndi zinyifwa, *mdulu*, ndivyose vya viyo.

Mazu ghaku Chiuta gho ghakhozgia Nthantha yeniyi:

(1) *Yoswa 7:25*. Yoswa wanguti, "Chifukwa nchine ungutitore suzgu ifwe? Ambuya atore suzgu paku iwe zuŵa lino." Ndipo ŵaYisraele wose ŵangu-ŵadina ndi mya ndi kuŵawocha moto.

(2) *Yona 1:7-8*. Ndipo wanguti yose ku munyake, "Zaninge, ndi tichite mphe-nduzga, mwakuti tiziŵe chifukwa nchakuyani uheni uwu watiwiya." Viyo wanguchita mayera, ndipo mayera ghanguwa paku Yona. Viyo ŵanguti kwa-ku iyo, "Tinene chifukwa nchakuyani uheni uwu watiwiya ifwe? Kumbi mli-mu wako ngune? Ndipo waturiya nunkhu? Charu chako ndi ninchi? Ndipo ndiwe waku ŵanthu naŵa?"

(3) *Mateyu 25:45*. Sono waŵamukenge, wakuti, 'Ndikuneneskiyani, mwakuti mwengavi kuchitiya yumoza waku wo ŵamanako kwakuruska, kuti mungu-chitiya ine cha.'

26. Cho utanja ndicho chipunduwa (Wonaniso nthanthi no. 14)

Konkhosko lakc: Munthu watenele cha kunanga umoyo wake ndi malusu gho ghananga umoyo wamunthu.

Tandauzo lake: Kulutirizga luso lo utanja nchamampha cha asani mwe urwani.

Kuzirwa kwa nthanthi iyi: nthanthi iyi yitcheŵeska munthu mweniyo watanja chinthu cho chiziŵa kunanga umoyo wake asani warutizga mwesu waki. Tinga-yeruzgiya nge munthu yo watumwa mowa mwa uloŵevu, pamwenga kukweŵa foja mwa uchidolo, ndi malusu ghanyake ghaviyo. *Apharazgi* achenjezga ŵa-nthu kuti asiye maluso ghahene gho atanja.

Mazu ghaku Chiuta gho ghakhozga nthanthi yeniyi:

(1) *Nthanthi 31:3*. Ungapaskanga nthazi yako ku ŵanthukazi cha, nthowa zako kwaku ŵeniwo ŵabaya ŵakaronga.

(2) *Yohane 5:14*. Pavuli Yesu wangumsaniya mu kasopi, ndipo wangumnene, "Awona, wachizgika: ungalakwanga so cha, vinu chinthu chiheniku chinga-kuwiya."

27. Chuma chiwe cha pa nyifwa, kweni pa umoyo pe

Konkhosko lake: nthanthi iyi yirongo *mwambu* wanthengwa za Chitonga. *Wala*

atiti, anyake mwaka a Tonga, enga ndivyuma chifukwa chakwenda mu mau-
lendo. Asani muoli wawo wafwa aperekanga ndarama, zo adananga *chisoka/
mtupa*. Nyengo zinyake munthurumi waperekanga charu chakulimapo, pamwe-
nga kuzengapo muzi.

Tandauzo lake: Chilowola chiwele ku munthurumi cha, pamwenga ku abali
ŵake cha, asani muoli wake wafwa.

Kuzirwa kwa nthanthi iyi: nthanthi iyi yipong'eka panyifwa ndi ŵala-ŵala.
Viŵi-viŵi, asani munthu muwoli waki, pamwenga murumi wake wafwa. Kupe-
reka ndarama (*mtupa/chisoka*) kutuŵapo asani munthukazi wafwa, nkhoswe
zifumba ndarama za *pamtupa* enga andaŵike thupi. Asani zaperekeka cha, nyi-
fwa yiziŵa kuswela kuŵikika, pamwenga kutuzga.

Mazu ghaku Chiuta gho ghakhozga nthanthi yeniyi:

(1) *Chiyambo 23:4.* "Ine nde mlendo ndi muyinga mukati mwinu; ndipaskenipo
malo mukati mwinu kuŵa malo gha masanu, kuti ndiŵikepo wakufwa
wangu kutuzgako ku maso kwangu."

28. Garu yiruma mbuyake

Konkhosko lake: Asani garu yendi nja yiruma mbuyake asani wayiyamba.

Tandauzo lake: Munthu watenele kujiphwele paku chita tunthu. Kulivi kuti ichi
ndachiziŵiliya.

Kuzirwa kwa nthanthi iyi: nthanthi iyi yichenjezga ŵanthu kuphwele umoyo
wawo. Nchamapha cha kujikuzga mwakuvyo tichita chifukwa urwani tiziŵa cha
po ubisama.

Mazu ghaku Chiuta gho ghakhozga nthanthi yeniyi:

(1) *Hoseya 11:1-2.* Po Yisraele wenga mwana ndingumwanja, ndipo ndingu-
mudana mwana wangu kutuwa mu Egipiti. Mo ndinguŵadaniya, ndimu so
ŵangutuwiyako kwaku ine; ŵangurutiriya kupereka sembe ku waBala, ndi
kuŵawoche vyakunukhira ŵangoza.

(2) *Nthanthi 3:34.* Ku wakuyeya, iyo ngwakuyeya, kweni ku wakujiyuyuwa wa-
longo mwaŵi.

(3) *1 Petro 5:5.* Mwaŵamanako, kwakulingana, therani ku ŵara. Ndipo mose ku
ŵanyinu mujichinyiriye ndi kujiyuyuwa mtima, pakuti "Chiuta wamikana ndi
ŵakujanja, kweni wapaska wezi ku ŵakujiyuyuwa."

29. Ine nde munthukazi ndi munthurumi

Konkhosko lake: Pa Chitonga munthu yo wakamba viyo ndimweniyo wamiya anyake, ndikujovya so yija.

Tandauzo lake: Ine ndija ndiziŵa kuma m'malo gha munthukazi ndipuso gha munthurumi.

Kuzirwa kwa nthanthi iyi: nthanthi iyi yipong'eka pa mphara ya mlandu, po ateruzga makani ghakukwaska nthengwa. Sonu yo wendi mazaza pa munthurumi ndi munthukazi wakamba mazu agha, nge nkhuzomerezga cheruzgu cho chiripu, mu malo mwakuwose ŵaŵi. Nyengo zinyake nthanthi iyi yikambika kurongo kuti munthu yumoza waziŵa kuchita nchitu zachinthurumi ndi zachinthukazi, mwakuti wajovye yija. Viŵi-viŵi, yo walivi wakumovya munyake.

Mazu ghaku Chiuta gho ghakhozga nthanthi yeniyi:

(1) **Yohane 1:12**. Kweni wose wo ŵangumronde ŵakuvwaniya mu zina lake wanguŵapaska mtufu wakwachiŵiya ŵana ŵaku Chiuta.

(2) **ŴaHebere 9:15**. Ndipo pa chifukwa chenichi ndiyo mwendapakati wa chipanganu chifya, viyo kuti yati yaŵapo nyifwa yakwachipepeska pa maujumphi ghapa chipanganu chakudanga wo ŵadanika ŵarondenge phanganu lo la chihara chamuyaya cho.

(3) **1 Yohane 2:1**. Mwatwana twangu, ndikulembiyani vyenivi kuti mungalakwa cha. Ndipo asani munthu wangalakwa, nkhoswi te nayo ku Dada, Yesu Kristu murunji yo.

30. Ise te pakati-kati

Konkhosko, lake: Munthu yo pa Chitonga, ndi mzati wa mbumba yose pa lwawo, pamwenga nyumba yo akuwiyamo. Nyengo zinyake tingati *chisina*, po akutuwa wose.

Tandauzo lake: Munthu yo nchisina, po fuku likutuwa. Nyengo zinyake akamba kuti ŵanthu aviyo "mbanangwa".

Kuzirwa kwa nthanthi iyi: nthanthi iyi kanande yikambika pa maliro, asani pabuka makani. Sonu wo akwaskika ndi *mkoka*, mweneko wa fuku wakonkhoska kurongoso vyose vyakuŵapo, ndimo asungikiyengi amoyu. Nyengo zinyake yikambika kuchenjezga wo atijiŵikamo ŵaka kuti mbapakatikati, penipo ŵeneko ŵalipu. *Akutaula* mazu ghaku Chiuta, akamba nthanthi iyi pakunene ŵanthu kuti Yesu Kristu, ndiyu mwenechu wapakatikati kutitaska ku ŵarwani ŵidu. Yesu ndi mwenda-pakati.

Mazu ghaku Chiuta gho ghakhozga nthanthi yeniyi:

(1) *Mateyu 26:28.* Chifukwa izi ndi ndopa zangu za chipanganu chifya, zaku- dikiya pa chifukwa cha ŵanandi ku chireke cha vilakwa.

(2) *Marko 12:10.* Asi mwaŵerenga na lembo ili: 'Mwa wo ŵakuzenga ŵangu- wupata weniwo waŵa mutu wa nyondu.

(3) *Luka 1:32-33.* Mweniyo wakaŵanga mura, ndipo wakadanikanga mwana wa Wamdengwendi: ndipo Mbuya Chiuta wakampaskanga chitengu chaku Da- vidi awiske: ndipo wakausanga nyumba yaku Yakobe muyaya; ndipo muwu- su wake kuti umarenge cha."

31. Jenda-yija wangukukurwa ndi maji

Konkhosko lake: Munyengu za kale aTonga angwanja ukongwa kuruta ku *Joni* (South Africa), pamwenga ku *Harare (Zimbabwe)* ndi ku *Marambo* (Zambia). Nyengo zinande wo ayendanga ŵija, aliwanga ndi *nkharamo, nyalubwe,* ndi nyama zinyake za viyo, chifukwa endanga ŵija kwambura munthu waku ŵataska. Ŵala-ŵala atiti, *Wo mbawi mbanthu ko kekija nkhanyama!* Jenda-yija ndi *pusi* yo kanande ndimsyori ndipu watenda yija. Nyengo zinande watachikumana ndi soka.

Tandauzo lake: Mburwane ukuru kwenda wija, chifukwa asani chirwani cha- kuko palivi yo wakutaskenge.

Kuzirwa kwa nthanthi iyi: nthanthi iyi yititisambizga kuti tendengi pamoza ndi anyidu, asani tepa ulendo utali, mwakuti asani kwe urwane titaskanenge. Viŵi- viŵi kwenda ndi usiku nanga kuŵi ukweru titijidaniya urwani. Wo tingenda nawo aŵi ankharo yamampha ndi akugomezgeka, chifukwa nawo aziŵa kuŵa arwani ŵidu.

Mazu ghaku Chiuta gho ghakhozga nthanthi yeniyi:

(1) *Chiyambo 5:22-23.* Enoke wangwenda ndi Chiuta pavuli pa kuŵikaku Matu- sele virimika machumi pe chumi ghatatu (300) ndipo wenga ndi ŵana ŵa- nthurumi ŵanyake ndi ŵana ŵanthukazi. Viyo, mazuŵa ghose ghaku Enoke ghenga virimika machumi ghatatu ndi machumi ghankhonde ndi limoza, pachanya vinkhonde (365 years).

(2) *Wakutaula 4:9-12.* Kuŵa ŵaŵi nkhwamampha kwakuruska yumoza, chi- fukwa mu kutakataka kwawo ŵendi mphoto yamampha. Pakuti asani ŵaŵa ŵaŵi yumoza wakayuskanga munyake; kweni owe kwaku yo we yija asani wawa walivi munyake wakumuyuska. Ndipo so, asani ŵaŵi ŵagona pamoza

ŵafundiskana. Kweni kumbi yumoza wajifundiska? Nanga yumoza wanga-
muruska munyake pakumikana nayo, kweni ŵaŵi ŵakamuruskanga, chingwe
cha mitegha yitatu kuti chidumuka ruŵi cha.

(3) **Marko 11:1-2.** Ndipo wachiŵandikiya ku Yerusalemu ku Betefage ndi Beta-
niya, pa phiri la Olivete, wangutuma ŵaŵi ŵa ŵasambizi ŵake. Wanguti kwa-
ku wo, "Rutani ku muzi wakutghana namwe: ndipo sosonukweni muchisere
musaniyenge mwana wa mbunda wakumangika, paku mweniyo wandajepo
kali munthu chingana njumoza; muze nayo."

32. Juŵani lapa mchenga nkhwambiya pamoza

Konkhosko lake: Chidika cha mu mchenga nchakusuzga kuchimbiyamo. Asani
pe chiphalizgano kutenele kwambiya pamoza.

Tandauzo lake: Nchamampha kwamba mlimo wako luŵi mwakuti ufiskike mu-
nyengo yamampha.

Kuzirwa kwa nthanthi iyi: Ndi chenjegzo ku amupupuka kuti aŵenge akuno-
zgeka nyengo yose pakuchita milimo yawo kuti yendengi umampha. Kulimbi-
kiya, ndi kufwiliriyapo kwendi chanduku/phindu kunthazi. Ŵana wo ŵe pa suku-
lu alimbikiyenge masambilo ghawo. Kwenge ndi munthu yo we pa maphara gha
kuchimbiya. Watenele kulereska kuvuli cha vinu wangachita mantha ndiyo
watimurondo.

Mazu ghaku Chiuta gho ghakhozga nthanthi yeniyi:

(1) **Sumu 19:5.** Ajinthamo hema la lumwi mwaku gho, lo lituwa nge ndimo
mwali wanthengwa watuliya mu chipinda chake, ndipo lisekere nge nchi-
nkhara kuchimbiya mu nthowa yake.

(2) **Yeremiya 12:5.** "Asani mwachimbiya pamoza ndi ŵanthu ŵakwenda pasi,
ndipo ŵakuvuskani, na mungapindana nawo uli ŵakavalo? Ndipo asani mu
charu cha chidika ndimu mutuwa pasi, na mulisuwa la Yordane muchitenge
uli?"

(3) *1* **ŴaKorinte 9:24-27.** Asi muziŵa kuti ŵakuchimbiya mu maphara ŵachimbi-
ya wose, kweni yumoza ndiyu waronde mphotu? Chimbiyani viyo kuti
muronde. Ndipo yose wakulimbalimbiya mu maseŵero wajitintha mwaku
vyose. Wachita viyo mwakuti waronde ndumbu yakuvunda; kweni ifwe nja-
mbura kuvunda. Ine ndichimbiya nge ngwakukayikakayika cha; kuti ndiba-
kafuwa, nge ngwakukung'untha mude mwaŵaka cha; kweni ndijenyeska li-
ŵavu langu, ndipo nditirithereska: vinu, ndati ndamemeze ŵanyake, nda-
mweni ndingaŵa wakupatika.

(4) **ŴaHebere 12:1**. Viyo nadi ifwe pakuzungurizgika ndi mtambo weni ukuru waviyo wa ŵakaboni, ndi pakututumika chizitu chose ndi ulakwi wo utitizombezga tichimbiya ndi chitatata maphara gho ghatimikikiya kunthazi.

33. Kajipempheri wanguweku ku Marambo, Virizanga wangwachifwa

Konkhosko lake: Kali a Tonga ayendanga pasi kuruta ku Marambo (yo sonu ndi Zambia), kwachigwira nchitu, ndi vyaru vinyake nge South Africa, Zimbabwe. Yo wenga mkata (mulesi), kupenja nchitu, wafwanga ndi nja, pamwenga wawenga mkavu. Mweniyo wapenjanga nchitu, ndikuyisaniya, waŵanga ndi chuma chinandi.

Tandauzo lake: Chinthu chose chamampha chisanilika ndi mtima wakupenjapeja, ndikulimbalimba. Yo wapempha wapaskika. Yo wapenja wasaniya.

Kuzirwa kwa nthanthi iyi: nthanthi iyi yikambika pakuchenjezga, ndikucheŵeska *Ahurwa* ndi *Asungwana* wo aleka kulimbikiya ndi chitatata pa Sukulu, pamwenga pa mlimu wo enawo. Munthu kuti wasaniye watenele kupenja kwambura kuvuka. *Apharazgi* a mazu ghaku Chiuta asambizga ŵanthu ndi nthanthi yeniyi, kuti atenele kugwiriska nchitu nthazi, zeru, ndi vyawanangwa vyo Chiuta waŵapaska.

Mazu ghaku Chiuta gho ghakhozga nthanthi yeniyi:

(1) **Mateyu 7:8**. Chifukwa yose wakupempha waronde; wakulembe wasaniya; ndipo ku wakugong'oska kujurikiyenge iyo.

(2) **ŴaFilipi 2:12-13**. Viyo na, mwaŵakwanjiwa ŵangu, uli ndimo nyengo zose mwavwiyanga ndi penipo ndinguŵako kwinu pe cha kweni ukongwa limu sono pa kuŵako kwangu kunyake, takatakiyani utaski waku mwaŵeni mu wofi ndi chitenthe; chifukwa ndi Chiuta yo watakataka mwinu pose paŵi pa kukhumba ndi pa kuchita, chifukwa cha likondwa lake lamampha.

34. Kakuza kija kalaula

Konkhosko lake: Munthu watenele kufuka-fuka yija mwakuti wajovye. Kureleska ku anyaku pe cha. Kulivi kanthu katuza nge *Mana* ghakutuwa kuchanya.

Tandauzo lake: Asani ukhumba kanthu ujipilipitiye wija, mwakuti uje pa mampha.

Kuzirwa kwa nthanthi iyi: nthanthi iyi ndi chenjezgu ku ŵanthu, viŵi-viŵi wo mbalesi kuti atenele kufuka-fuka mwakuti umoyo wawo uŵe pamampha. Aleki kwenda-kwenda ŵaka mcharu kwambura kuŵa ndi phamphu lakugwira nchitu. Mawa wazamukhumbira munyako ndikumuchitiya sanje. *Apharazgi* atitisambizga kuti *Chiuta watovya yo watijovya yija.*

Mazu ghaku Chiuta gho ghakhozga nthanthi yeniyi:

(1) **Chiyambo 3:17.** Ndipo kwaku Adamu wanguti: "Chifukwa wavvwiya mazu gha muwoli wako, ndipo warghapo muti wo ndingukuchenjezga kuti, 'Ungarghanga cha,' njakutembeka nyata yo chifukwa chako; mu kutakataka ukarghanga vyake mazuŵa ghose gha umoyo wako."

(2) **Chiyambo 42:1-2.** Penipo Yakobe wanguvwa kuti mwenga trigu mu Egipiti, wanguti ku ŵana ŵake ŵanthurumi, "Chifukwa chine mulereskana ŵaka ku maso?" Ndipo wanguti, "Ehe, ndavwa kuti mwe trigu mu Egipiti; rutani, sikiyaniko mukatiguliyeko trigu, alinga kuti tiŵe ŵamoyo, kufwa cha."

(3) **2 ŴaKaronga 6:1-2.** Sono ŵana ŵa ŵamchimi ŵanguti kwaku Elisha, "Awonani, malo gho tijamo pasi pa mtufu wako ngamana ukongwa kwaku ifwe. Utizomerezge tirute ku Yordane ndipo yose waku ifwe wakapingeko muti kuzenga malo ghakujamo kwenikuwa." Ndipo wanguwamuka, "Rutani."

35. Kakuza kija kasikuwa

Konkhosko lake: Pa Chitonga pe sambizgu lakuti, *asani unkhumba kanthu kamampha utenele kutuzga vuchi.*

Tandauzo lake: Kanthu kamampha kangaza waka cha, kambura kukavutikiya.

Kuzirwa kwa ·nthanthi iyi: nthanthi iyi yisambizga *Ahurwa* ndi *Asungwana* kuti atenele kufwililiyapo pa nchito yo apaskika. Nge nchakweluzgiyapo, ŵana ŵa sukulu atenele kufwiliriyapo pa masambiro ghawo, mwakuti kunthazi nawo akaje ŵanthu ŵakuzirwa, ndi ŵakujovya ŵija.

Mazu ghaku Chiuta gho ghakhozga nthanthi yeniyi:

(1) **Chiyambo 3:19.** "Ukarghanga chiŵande, mu dukutira la chisku chako mpaka penipo uweriyenge ku nyata. Pakuti ungutoleka mwenimo; ndiwe fuvu, ndipo ukaweriyanga ku fuvu."

36. Kana kaku Chiuta

Konkhosko lake: Ichi nchimoza cha vituwu, pamwenga kakambidu ko karongo munthu yo ndi mwana waku Chiuta, *Wakuziziswa.*

Tandauzo lake: Munthu yo ngwa ulemu, ndijalidu lakukondweska Chiuta, waviyo atiti "*ndi kana kaku Chiuta.*"

Kuzirwa kwa nthanthi iyi: Akutaula mazu ghaku Chiuta akamba nthanthi iyi, aching'anamuwa Yesu Kristu, *Mwana waku Chiuta.* Nyengu zinyake ang'anamuwa munthu yo waja umoyo wankharu yamampha; kwanja ndi kovya anyake, munthu walisungu ndi wachitima.

Mazu ghaku Chiuta gho ghakhozga nthanthi yeniyi:

(1) *Marko 9:35.* Ndipo wachija pasi, wangudana chumi ndi ŵaŵi watiti kwaku wo, "Asani yumoza wakhumba kuŵa wachimoza, waŵe wakumariya limu waku wose, ndi mteŵeti waku wose."

(2) *Marko 10:15.* "Ndikuneneskiyani, yose yo wangaronde ufumu waku Chiuta nge nkhana cha, kuti wangasere mwaku wo cha."

(3) *Yesaya 9:6.* Pakuti kwaku ifwe mwana wapapika kwaku ifwe kwapaskika mwana munthurumi, ndipo weruzgi ukaŵanga pa phewa lake, zina lake likadanikanga "wakupaska fundo, Wakuziziswa, Chiuta wa Nthazi, Dada wa Muyaya, Karonga wa Chimangu."

37. Kanda apa nani ndi kandepo

Konkhosko lake: nthanthi iyi yititilongo mo ubwezi wakufikapo utenele kuŵiya. Bwezi litenele kuchitiya ulemu bwezi linyake, ngemo angwanjiyana, Davidi ndi Jonafani.

Tandauzo lake: Ndi ŵanthu wo atanjana ukongwa.

Kuzirwa kwa nthanthi iyi: nthanthi iyi yikambika paku sambizga ŵana wo ŵendi ma bwezi ghawo ghamagomezgeka. Mwakuti chingana ŵanthu ŵangapazga, iwo ŵepamoza nga! nga! nga! Ŵaliska ndi ŵapharazgi ŵatachito chilongolero cha ubwezi waku Davidi ndi Jonafani mu *Baibolo.* Ubwezi uŵenge wamagomezgeko nyengu yose. Kuti 'vyaku Fu vyakuryiya lwandi cha.' Ubwezi wa viyo, nchinyengo.

Mazu ghaku Chiuta gho ghakhozga nthanthi yeniyi:

(1) *1 Samuele 18:3-4.* Ndipo Jonafani wangupangana phanganu ndi Davidi, chifukwa wangumwanja ngembumoyo wamweneko. Jonafani wanguzuwa munjirira wake, vidya vyake, lipanga lake, uta wake ndi ramba wake wangupaska Davidi.

36

(2) *1 Samuele 20:41*. Wanguti waruta munyamata yuwa, Davidi wangusotopoka
pa muru wa mya, wanguwa pasi kavunama wangukotama katatu; ndipo
ŵangufyofyonthana yumoza ndi munyake, ndi kuliriyana yumoza ndi mu-
nyake. Kweni Davidi wanguliya kwakuruska.

(3) *Yohane 15:13-14*. Chanju chikuru kwakuruska cho munthu wangaziŵa kuŵa
nacho pa ŵabwezi ŵake, nkhupereka umoyo wake ku chifwa chaku wo.
Imwe mwe ŵabwezi ŵangu, asani muchita vyenivyo ine ndikulanguliyani.

38. Kanje nkhamana, kweni mukati mwake mwe mtima wa muti ukuru

Konkhosko lake: Viripo vinthu vinyake vyo viwoneka kuzirwa cha mu maso
ghidu kweni ku umaliye vizirwa ukongwa. Nyengo zinyake vitamba nge nkha-
nthu kaŵaka-ŵaka, kweni kunthazi chituŵa chinthu chakuzirwa ukongwa.

Tandauzo lake: Munthu yo wanyozeka ndi ŵanthu, pamwenga mu maso gha
ŵanthu, ndiyu watuŵa murongozgi wa ŵanthu kunthazi, pamwenga, wakovya
anyake pa muzi.

Kuzirwa kwa nthanthi iyi: nthanthi iyi yikambika ndi *ŵala*, nge ndichenjezgo
kwakuwo anyoza ndi kudelera anyawo wo ŵepasi pawo, pamwenga akavu ndi
akusuzgika. Nyengo zinyake yo munthu useka ndi kudelera, ndiyo wazamukuŵa
chovyo chako kunthazi.

Mazu ghaku Chiuta gho ghakhozga nthanthi yeniyi:

(1) *Wakutaula 4:13*. Ngwamampha munyamata mukavu ndi wazeru kwaku-
ruska karonga mura ndi muzereza, mweniyo kuti wangaronde chenjezgu
cha.

(2) *Mateyu 13:32*. Yo nadi njidokudoku ku mbeu zose; kweni yati yakuwa, nji-
kuruku ya tusungwi, ndipo yituŵa chivwati, viyo kuti tuyuni twamude tuze-
nga vivimbu vyawo mu mphanda zake.

39. Kankhunguni aka katiyungwiska

Konkhosko lake: Asani munyumba mwe nkhunguni munthu wagona tulu cha.
Kuyanana waka ndi munthu yo wendi suzgu yo kuti yitimugoneska tulu cha,
chifukwa chakughanaghana nthowa yo wangatuliya mu suzgu yo yamuwiya.

Tandauzo lake: Munthu yo we pasuzgo chifukwa chakuti wangujipwele umoyo
waki cha, wagona tulu cha.

Kuzirwa kwa nthanthi iyi: nthanthi iyi yikambika kuchenjezga munthu yo umo-
yo wake watiumphwere cha. Asani suzgu yitamba kuza ndipu waghanaghana
ukongwa mupaka tulu tukamuka. Nyengo zinyake ndi chenjezgo kwakuwo ase-
ka anyawo wo ŵepasuzgu, chifukwa aziŵa cha kuti nyengo yinyake nawo suzgu
yiŵawiyenge. *Apharazgi* atitichiska kuzomela Chiuta suzgu yindatiwiye teche
amoyo.

Mazu ghaku Chiuta gho ghakhozga nthanthi yeniyi:

(1) *Mateyu 27:62-64.* Ndipo ndi mlenji, weniwo wenga zuŵa la pavuli pa chiro-
ngosole, ŵazukuru ŵara ndi ŵaFarisi ŵanguwunjikana kwaku Pilato, wakuti,
"Abwana, takumbuka kuti mrandizgi yo weche wamoyo wanguti, 'Pavuli pa
mazuŵa ghatatu ndiyukenge.' Viyo langulani kuti muunda wo ukhozgeke
mpaka zuŵa lachitatu, vinu kokuli ŵasambizi ŵake ŵangaza ndi kumuba, ndi
ŵangakambiya khamu lo, kuti 'Wayuka ku ŵakufwa': ndipo urandizgi waku-
mariya wo ukaŵanga uheniku kuphala kuwakudanga wo."

(2) *Ŵerengani Machitidu gha Ŵakutumika 5:33-40.* Tisambira kuti panyengo yo
Apostole ataulanga zina laku Yesu, ndi kuŵiya ukabone kuti nanga uli
ŵaYuda angumubaya kweni wanguyuka ku akufwa. Mphara yikuru ya ŵa-
Yuda agonanga tulu cha kuti avwengi akabone ŵaviyo. Mwaviyo angupa-
ngana kubaya Apostole. Kweni wa malangu Mla, zina lake Gamaliele
wanguŵakanizga.

40. Kanthu kekose kendi nyengo yake

Konkhosko lake: Vinthu vichitika asani nyengo yaki yakwana.

Tandauzo lake: Nchamampha cha kuchichizga chinthu asani nyengo yake yi-
ndakwane. *Chitufya achichizga cha kutuluwa asani chenga chindafye.* Mu
umoyo wa munthu nawo vinthu achichizga cha asani nyengo yindakwane.

Kuzirwa kwa nthanthi iyi: Ili ndisambizgo kuŵanthu kuti atenele kulindizga
nyengo yakwenele kuti kanthu kachitike umampha. Kuzizipizga nchinthu cha-
kuzirwa kwaku ise taŵanthu. nthanthi iyi yichenjezga so ŵanthu kuti, *kalaku-
laku nkhamampha cha.* Apharazgi muzinyifwa akamba kuti asani nyifwa yafika
pa munthu, ndikuti nyengu yingukwana. Chinthu chose chichitika munyengo yo
Chiuta mwenecho wachinozge kuti chichitike. Mazu agha ngaku khwimiskana
mu ma uzitu ghidu.

Mazu ghaku Chiuta gho ghakhozga nthanthi yeniyi:

(1) *Wakutaula 3:1.* Kanthu kose kendi nyengo yake, ndi nyengo ya kafukwa ke
kose pasi pa charu.

(2) *Yeremiya 31:31-34.* "Ehe, mazuŵa ghakazanga atiti Ambuya, penipo ndaza-
muchita phanganu lifya ndi nyumba yaku Yisraele, ndi nyumba yaku Yuda,
kuti ndakukozgana cha ndi phanganu lenilo ndinguchita ndi auskeu, pa nye-
ngo yo ndinguŵasoske janja kuŵatuzga mu charu cha Egipiti, phanganu lo
ŵanguswa, chingana ndenga murumi wawo, atiti Ambuya. Kweni ili ndi
phanganu lo ndikachitanga ndi nyumba yaku Yisraele pavuli pa mazuŵa
gho, atiti Ambuya: Ndikaŵikanga dangu mukati mwawo, ndipo ndikalile-
mbanga pa mitima yawo; ndipo ine ndikaŵanga Chiuta wawo, ndipo iwo
ŵakaŵanga ŵanthu ŵangu. Ndipo munthu kuti warunguchizgenge so mwa-
nasi wake nanga ndi mwana munyake cha kuti, 'Ziŵa Ambuya,' pakuti wose
ŵakandiziŵanga, kutuwa ku mumana mpaka ku mura, atiti Ambuya; pakuti
ndikagowokiyanga mautimbanizi ghawo, ndipo uheni wawo kuti ndikawu-
kumbukanga so cha."

41. Kanthu nkhako, kamunyako ndi nkhusku

Konkhosko lake: Munthu yose wendi mtufu pa kanthu ko nkhaki, kweni walivi
mtufu pakanthu ko nkhamunyake.

Tandauzo lake: Munthu wendi mazaza pa chinthu cho nchaki, ndipo walivi
mantha kuchita nacho po wakhumbiya.

Kuzirwa kwa nthanthi iyi: nthanthi iyi yikambika nge nchisambizgo kuŵanthu
kuti aŵengi akujipenje tunthu to tungaŵawovya pa umoyo wawo, ndikuŵa amtu-
fu pa vinthu vyaŵenecho; mwakuti alekengi kuthamiya vinthu vya anyao. Vya-
kupaskika ndi anyawo vyakukuskiyapo ŵaka. Kuthamiya chinthu chamwene
asani chanangika uziŵa kusele nacho musuzgu yikuru. *Akutaula* mazu ghaku
Chiuta akamba nthanthi iyi pakuchenjezga ŵanthu kuti aleki kuŵika umoyo
wawo pa urwani, chifukwa mwenecho wa umoyo ndi Chiuta, yo waziŵa kuto
umoyo waki nyengo yeyose. Palivi munthu yo wendi mtufu pa umoyo waki.

Mazu ghaku Chiuta gho ghazkhozga nthanthi yeniyi:

(1) *2 ŴaKaronga 6:5.* Kweni penipo yumoza wawiskanga muti, mbavi yingu-
khwerukiya mu maji, ndipo wanguti, "Owe, Mbuyangu! Yenga yakubwere-
ka."

(3) *ŴaEfeso 4:28.* Wakuba yo wangawerezgapo kuba so cha; kweni ukongwa
watakatake, ndi kutataliya ndi manja ghake cho nchamampha, alinga kuti
wapatuliye yo ngwakusawuka.

(4) *Luka 12:20:* Kweni Chiuta wanguti kwaku iyo, 'Wakupusa we, usiku uno
ŵawufumbiyenge mzimu wako...'

42. Kanthu nkhamabuchi-buchi mu manja muŵenge mwaku-samba-samba

Konkhosko lake: Titenele kuja akunozgeka kumikana ndi masuzgu, gho gha-ngatibuchizga pakuza kwake.

Tandauzo lake: Munthu yo waja wakunozgeka-nozgeka nchipusu kumikana, pamwenga kupunda, masuzgu ghakuza mwakubuchizga.

Kuzirwa kwa nthanthi iyi: nthanthi iyi yikambika kucheŵeska *Ahurwa* ndi *Asu-ngwana* kuti atenele kuja akunozgeka nyengo yose, mwakuti kuthazi akapunde-nge maunonono; kaya nga ukavu, matenda, nyifwa, ndi vyose vyo vingaŵaziya mwakubuchizga. Kunozgeke umoyo wamampha kunthazi nkhwamba sonu. *Akutaula* mazu ghaku Chiuta akamba nthanthi iyi, pakuchiska ŵanthu kuja umoyo wakugomezgeka, ndi wa chiKhristu. Pakuchita viyo aja akunozgeke limu, mwakuti asani nyifwa yituza mabuchibuchi atopa cha.

Mazu ghaku Chiuta gho ghakhozga nthanthi yeniyi:

(1) **Marko 13:32.** "Kweni vya zuŵa liya pamwenga ora lo palive yumoza waziŵa, chingana mbangelo kuchanya, chingana ndi Mwana yo, kweni Ada pe.

(2) *1 ŴaTesalonika 5:6.* Viyo na tireke kura tulo nge mbanyake, kweni tiche-rezge ndi tizize.

43. Katundu wakuyeleka-yeleka ndiyo wafyo

Konkhosko lake: Atonga endi nthanu ya *"Wachiburumutiya ndi Wagonyo"*[5] wo ati achita mulimu wamampha pakubaya nkharamu zo za punjanga ŵanthu mcharu chiya angurumbika. Kweni wagonyo pakupinga vinthu vyo vinguŵawo-vya kunthazi murwendo lawo, wangufyoka ukongwa chifukwa chakuyeleka-ye-leka katundu. Pakugaŵana vyuma vyawu *wachiburumutiya* wangupuma *wa-gonyo* pa msana ndi kunyoloka. Wagonyo nayo wangumupamantha ku maso, ndi kujulika.

Tandauzo lake: Munthu yo waŵika mbiku milimu yake kwambula kuchita luŵi wazamsaniya kuti njinande, ndikutondeka kufiska kuyichita.

Kuzirwa kwa nthanthi iyi: nthanthi iyi yikambika pakuchiska ŵana a Sukulu kuti milimu yo atiŵapaska asambizi ŵawo angaswelanga cha kuchita, chifukwa asani mayesu ghepafupi, azamtondeka kukwera visambizgu vyawo. Nchitu yaza-mukuŵa yinande. *Apharazgi* nawo akamba nthanthi iyi pakuchenjezga ŵanthu

5 F.K. Chirwa, *Nthanu za Chitonga*, pp. 65-71.

Nthanthi 43:
Katundu wakunyeleka-yeleka ndiyo wafyo

Nthanthi 44: Kayuni asani kaja pa uta kalasika cha

wo maluso ghaheni ghame nkholozo mwawo, chifukwa panyengo yo azamuzi-
ŵiya, kwazamkuŵa kunonono kughasiya. Uheni wakuyeleka-yeleka ufyo.

Mazu ghaku Chiuta gho ghakhozga nthanthi yeniyi:

(1) **Sumu ya Zisumu 2:15.** Tikoliyeni ŵakambwe, ŵakambwe ŵamanaŵamana,
    wo ŵananga minda ya mphereska, pakuti minda yidu ya mphereska ye ndi
    maluŵa.

(2) **Mateyu 11:28.** Zani kwaku ine, mose mwaŵakudinirwa ndi mwaŵakuzi-
    tiskika, ndipo ine ndikupumuzgeninge.

44. Kayuni asani kaja pa uta kalasika cha

Konkhosko lake: Munthu wapenja munyake kuti wamovye asani we pa suzgo.
Pa Chitonga pe mwambu wakuti apapi angakamba cha nthengwa yamwana wa-
wo munthukazi, atachikamba ambuyake, pamwenga abali ŵawo. Chifukwa kwa-
ku yiwo ndi mzilo, atenele kuronde ŵaka vyo vyakambika ndiku khozgeka. Chi-
fukwa che pamuto wawo.

Tandauzo lake: Nchinonono kweruzga makani gho ghe pamuto wako, pa-
mwenga gho ghatikukwaska. Wija ungajovya cha.

Kuzirwa kwa nthanthi iyi: nthanthi iyi kanande yikambika pa kweruzga mila-
ndo mu zimphara. Anyake atachikana kweruzgika asani mlando utiwakwaska,
chifukwa cheruzgu chiŵiyengi rwande. Nyengo zinyake *nthanthi* iyi yikambika
asani wakweruzga mulando watondeka, ngepo ng'anga yitondeka kujichizga.
Nthanthi iyi yisambizga so ŵana kudana anyawo kuŵawovya asani suzgu ye
pamuto wawo.

Mazu ghaku Chiuta gho ghakhozga nthanthi yeniyi:

(1) **Luka 4:23.** Ndipo wanguti kwaku wo, Posepose mundineniyenge ntharika
    yeniyi, "Ng'anga, ujichizge; vyenivyo vyose tavwa vyachitika mu Kaperna-
    umu, chitanga muno so mu charu cha kwako."

45. Ko kwafwa njovu kusoŵa cha

Konkhosko lake: Njovu ndi nyama yikuru ukongwa pasi pa charu; ndipo asani
yafwa, mbiri yake yivwika kutari. Ndimozi-mozi mbiri yamunthu wakuzirwa,
yivwika kutari.

Tandauzo lake: Nyifwa ya munthu wakuzirwa yivwika kutari, chifukwa munthu waviyo ngwathenthe. Ndimozi-mozi kuti chinthu chiheni cho wachita munthu wakuzirwa, thenthe lake livwika luŵi.

Kuzirwa kwa nthanthi iyi: nthanthi iyi yikambika asani munthu yo ngwakuzirwa mu muzi, wachita kanthu, manyi wafwa, pamwenga wachita chinthu chiheni. Panyake yikambika nge ndichenjezgu, kwakuwo mbarongozgi kuti atenele kucheŵa pakuchita vinthu, chifukwa zina lo lamuvwika luŵi, kuti nawo engapo, ndakuyiwo.

Mazu ghaku Chiuta gho ghakhozga nthanthi yeniyi:

(1) **Ŵerengani Luka 24:13-24**. Chiyuka chaku Yesu chinguvwika mose mu Yerusalemu chifukwa wenga wa thenthe likuru. Kweni mbamanavi ŵaka wo kuti anguvwa cha. Lekani ŵanthu ŵaŵi wa, angufumba Yesu mwenecho pakuleka kuziŵa kuti ndiyo mweniyo akambanga nayo, "Ndipo yumoza, zina lake Kleopa, wangwamuka, wanguti kwaku iyo, 'Kumbi iwe uja paku wijawija mu Yerusalemu, ndi ureka kuviziŵa vyakuŵapo mwake mu mazuŵa agha?'"

46. Kubaya njoka nkhu mutu

Konkhosko lake: Njoka yibayika luŵi asani utiyipuma ku mutu.

Tandauzo lake: Munthu watenele kupenja nthowa yeneko yakumaliya suzgu epa yamzinga.

Kuzirwa kwa nthanthi iyi: nthanthi iyi yikambika pakucheŵeska *Ahurwa* ndi *Asungwanga* wo atondeka kugoda (kupunda) suzgu zo akumana nazo mu umoyo. Atenele kufumba ŵala, kuŵanene nthowa zo angagode maunonono, kuti akuwenge umampha ndiso azeru.

Mazu ghaku Chiuta gho ghakhozga nthanthi yeniyi:

(1) **Chiyambo 3:15**. Ndikaŵikangapo umawongo pakati pako ndi munthukazi, ndi pakati pa mphapu yako ndi mphapu yake; iyo watemenge mutu wako, ndipo iwe utemenge chitende chake.

(2) **Nthanthi 6:20**. Wa mwana wangu, sunganga marangu gha ausu, ndipo ungajowonga kusambizga kwa anyoko cha.

47. Kudanjiya nkhufika cha

Konkhosko lake: Apa tiona chithuzithuzi cha pa masoŵelo, po ŵanthu aphari

Nthanthi 46: Kubaya njoka nkhu mutu

zgana juŵani. Yo wepanthazi asani waleka kulimbikiya kuchimbiya, waziŵa kuru-
skika ndiyo watuza kuvuli.

Tandauzo lake: Nchamampha cha kujikuzga asani uwona vinthu vitikuyende
umampha, kweni kulimbikiya mukachitidu.

Kuzirwa kwa nthanthi iyi: nthanthi iyi yikambika pakususka munthu yo watiji-
kuzga, pamwenga kujirongo pakuchita vinthu, asani vitikuyende umampha; chi-
fukwa ndiwe pe wija cha. Anyako nawo aziŵa kukuruska. *Apharazi* a cheweska
kuti kujikuzga nkhuheni.

Mazu ghaku Chiuta gho ghakhozga nthanthi yeniyi:

(1) **Marko 9:35.** Ndipo wachija pasi, wangudana chumi ndi ŵaŵi, watiti kwaku
wo, "Asani yumoza wakhumba kuŵa wachimoza, waŵe wakumariya limu
waku wose, ndi mteŵeti waku wose."

(2) **Marko 10:31.** Kweni ŵanandi ŵakudanga ŵaŵenge ŵakumariya, ndi ŵaku-
mariya ŵakudanga.

(3) *1 ŴaKorinte 9:24.* Asi muziŵa kuti ŵakuchimbiya mu maphara ŵachimbiya
wose, kweni yumoza ndiyu waronde mphotu? Chimbiyani viyo kuti mu-
ronde.

48. Kufumba nkhuwona nthowa

Konkhosko lake: Kujikuzga kwakujipusika kuti uziŵa vinthu vinande nchama-
mpha cha, chifukwa alipo anyako wo aluska yiwe.

Tandauzo lake: Nchamampha kufumba kumunyako zeru mo ungayendeske ka-
nthu wenga undachite, chifukwa wamubuchira kuti wananga vinthu. Kujiŵi-
kamo nkhwamampha cha. *Pula-pula, ngwamampha cha! Mufumbengi vinu
mungafika ku masano.*

Kuzirwa kwa nthanthi iyi: nthanthi iyi yikambika pakucheŵeska munthu mwe-
niyo wananga chifukwa chakuleka kufumba danga. Chifukwa kufumba munya-
ko wenga undanangi chinthu, nkhukurongo nthowa. Ŵana wo ŵepa sukulu ate-
nele kufumba asambizi ŵawo mwakuti asambizgike kuchita umampha mu ma-
sambiro ghawo. *Apharazgi* atitisambizga kuti mazu ghaku Chiuta gharongozga
ise. Ndi nthowa kutisambizga vyaku Chiuta.

Mazu ghaku Chiuta gho ghakhozga nthanthi yeniyi:

(1) **Mateyu 7:7.** "Pemphani, ndipo kupaskikenge kwaku imwe; lembeni, ndipo
musaniyenge, gong'oskani, ndipo kujurikiyenge imwe."

(2) *Mateyu 7:14*. Chifukwa ndalifyakafyaka likomo, ndipo njifinyi nthowa, yaku-rongozge ku Umoyo, ndipo mbamanavi ŵakulibowozga.

(3) *Yohane 14:5-6*. Tomase wamnene, "Kuti tiziŵa cha ko muta; tiyiziŵa uli nthowa?" Yesu wamnene, "Ine ndine nthowa, ndi uneneska wo, ndi umoyo wo; kuti yumoza wangaza ku Dada cha, kwambura kuti watuziya mwaku ine."

49. Kufunyiya mata pasi

Konkhosko lake: Pa Chitonga pe nthanu ya *Urghargha waku Kalulu*,[6] penipo Kalulu wanguziŵa kuti watondeka kuwezga ngongole pa ndumbu za saru zo wanguto, wangupempha akweni a Njovu kuti amugowoke - *Afunyi mata pasi*.

Tandauzo lake: Kupempha chigowoke epa wanangiya munyako.

Kuzirwa kwa nthanthi iyi: Nthanthi iyi yikambika muzimphara za milando, asa-ni yo wepa mlando wapempha chigowoke ku ŵeruzgi, pamwenga kwakuyo wa-munangiya. *Akutaula* mazu ghaku Chiuta achiska ŵanthu kupempha chigowoke kwaku Chiuta vyo atimunangiya.

Mazu ghaku Chiuta gho ghakhozga nthanthi yeniyi:

(1) *Mateyu 18:26-27*. Viyo muŵanda yo, wakuwa pasi, wangumuŵeyere, wakuti, "Ambuya, kunthiyanipo nane, ndipo vyose ndikawerezgiyangapo kwaku imwe." Ndipo mbuyake wa muŵanda yo wakukoleka ndi chitima, wangu-mgowoke, wangumreke mateu gho.

(2) *Luka 16:24*. Ndipo iyo wangukuta, wanguti, "Ada Abrahamu, ndifwiyeni lisungu, tumani Lazaro, alinga kuti wabizge songu ya munwi wake mu maji, ndi waziziriske lilime langu; pakuti ndirumwiskika mu mlipu uwu."

(3) *Luka 18:3*. Ndipo mwenga choko mu msumba weniwuwa, ndipo chazanga kwaku iyo, chakuti, "Nditaskeni ku mphindikwa yangu."

50. Kufwa (ndi luzu/nyota) chiparantha

Konkhosko lake: nthanthi iyi yikumbuska ŵanthu wo avwikanga kuti afwanga ndi nyota mu nthowa achiya ku Joni (South Africa) pamwenga ku Harare (Zimbabwe), pamwenga ku Marambo (Zambia), pamwenga ku Mphiwi (East Africa). Munthowa moŵendanga mwengavi maji.

---

6   F.K. Chirwa, *Nthanu za Chitonga*, pp. 11-14.

Tandauzo lake: Maji ngakuzirwa kupaska umoyo ku munthu.

Kuzirwa kwa nthanthi iyi: nthanthi iyi yikambika asani kwe chilala, vuwa kulivi, mu misinnje maji ghakamuka. Sonu ŵanthu atufwa ndi vinyama viyo chifukwa cha nyota.

Mazu ghaku Chiuta gho ghakhozga nthanthi yeniyi:

(1) **Ŵeruzgi 4:19.** Sisera wanguti ku munthukazi, "Chondi ndipaskeko tumanavi twakumwa; pakuti ndendi nyota ukongwa." Jaelu wangujura thumba mo mwenga mkaka wangumpaska kumwa ndi wangumuvwinkha so.

(2) *Sumu 107:5.* Wenga wanja ndi wanyota, ndipo wangutaya chigomezgu chose.

(4) *Mateyu 25:35.* Chifukwa ndingufwa msara, ndipo mungundipaska kurgha: ndenga wa nyota, ndipo mungundimweska: ndenga mlendo ndipo mungundironde.

(4) *Yohane 19:28.* Pavuli paku cho Yesu, pakuziŵa kuti sono vyafiskika vyose mwakuti lifiskike lembo lo, watiti, "Nde ndi nyota."

(5) *Yohane 4:13-14.* Kweni mweniyo yose wangamwapo maji gho ndimpaskengi ine, kuti nyota yikamkonga so cha muyaya: maji gho Ine ndimpaskenge ghaŵenge mwake chisima cha maji ghakubwibwitukiya ku umoyo wamuyaya.

51. Kuja umoyo wakuchigwangwala

Konkhosko lake: "Chigwangwala," nkhambeŵa kamanavi, kweni kakujikuzga ukongwa. Asani wakumana nako panthowa katuma kunthazi kwako joo! ndi ukari, kweni kachita kanthu cha.

Tandauzo lake: Munthu yo wendi umoyo wakujikuzga, pamwenga kujirongo, atimulinganizga ndi chigwangwala.

Kuzirwa kwa nthanthi iyi: nthanthi iyi yikambika pakuchenjezga ŵanthu wo arongo umoyo wakujikuzga; kweni palivi chinthu chakuzirwa cho atovya charu kuti chikwere, pamwenga kovya anyawo. *Akutaula,* akamba nthanthi iyi nge ndichenjezgo kwakuwo atijikuzga ndi uheni wo achita.

Mazu ghaku Chiuta gho ghakhozga nthanthi yeniyi:

(1) *Yeremiya 49:16.* Kofya ko we nako kwakupusika, ndi kujikuzga kwa mtima wako, iwe wakuja mu malijengwajengwa gha mya, iwe uthamiya utali wa

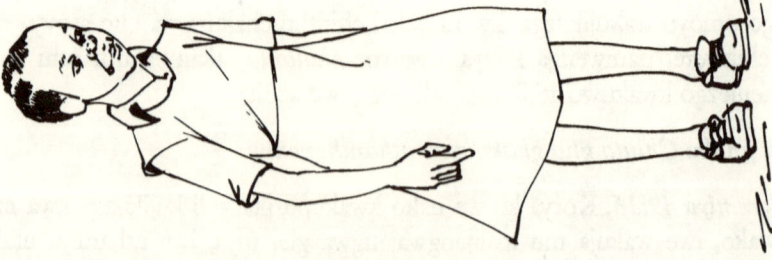

Nthanthi 51: Kuja umoyo waku chigwangwala

Nthanthi 52:
Kujikama uryengi kanthu ndi ŵala kusoka uwengi ŵaka

mtunthu. Chingana uchita chivimbu chako nge ncha nombo, ine ndikaku-siskiyanga pasi kutuwa kwenikuwa, atiti Ambuya.

(2) *Luka 18:14*. Ndikuneniyani, wangusikiya uyu wakurunjiskika ku nyumba ya-ke, kwakuruska yuwa; pakuti yose wakujikuzga wayuyukenge; kweni waku-jiyuyuwa wakuzgikenge.

52.   Kujikama, uryengi kanthu ndi ŵala, kusoka uwengi ŵaka

Konkhosko lake: A Tonga ŵendi midauku yinande, umoza ndiwenuwu. *Ahu-rwa* ndi *Asungwana* ŵatenele kupereka ulemu kuŵala pakugwada/pakujikama achilonda kanthu. Pakulonde kanthu ulonde ndi manja ghaŵi, ndikuwonga, "Yewo".

Tandauzo lake: Asani upaska ulemu ŵala usambira vinande. Wakujikuzga wasa-mbira kanthu cha.

Kuzirwa kwa nthanthi iyi: nthanthi iyi yikambika nge ndi chenjezgu ku amupu-puka, kuti mwana wankharu yamampha warumbika ndi ŵala, ndipo waronde vitumbiko ndi zeru. Ŵana ŵankharu yamampha pa muzi mbakurumbika ndipo ndivilongorelu vyamampha ku ŵanthu. Azeleza mbakusekeka ndi ŵanthu.

Mazu ghaku Chiuta gho ghakhozga nthanthi yeniyi:

(1) *Nthanthi 16:19*. Nkhwamamphaku kuŵa ndi mzimu wakujiyuyuwa pamoza ndi ŵasauchi, kwakuruska kugaŵana vyachiskowa ndi ŵakukondwa.

(2) *Luka 15:21*. Ndipo mwana yo wangumunene, 'Ada, ndalakwiya kuchanya ndi mu maso ghinu: kuti ndeche wakwenere cha kutamulika mwana winu.'

(3) *ŴaFilipi 2:11*. Ndipo kuti lilime lose lizomerezge kuti Yesu Kristu ndi Mbuya, ku unkhankhu waku Chiuta Dada.

53. Kukana kwa mutu wa garu

Konkhosko lake: Ŵanthu wo atendeska ma galimoto atitinene kuti mutu wa garu ngunonono ukongwa. Asani awukanda usweka bweka cha. A Tonga pa ku-kamba munthu yo ndi munonono mtima ateruzgiya mu vinande, chimoza cha-ku vyo ndi mutu wa garu.

Tandauzo lake: Munthu yo mtima wake ngunonono, ndipu walivi lisungu, wenge mutu wa garu, wo utondeka kuphwanyika.

Kuzirwa kwa nthanthi iyi: Ili ndi chenjezgu ku munthu yo walivi lisungu, ndi ŵanyake. Nkhucheŵeska so ŵana wo akana kutumika ndi ŵala-ŵala. Nchama-mpha cha kukana kutumika ndi mla, chifukwa titaya thumbiko. Mtima unonono ndi wankhankhanya ngŵeni. *Apharazgi* a chenjezga kuti tireke kuŵa ndi mtima unonono tichivwa mazu ghaku Chiuta. Ting'anamuke mtima.

Mazu ghaku Chiuta gho ghakhozga nthanthi yeniyi:

(1) *Ŵerengani Yona 1:1-10.* Apa tiona kuti Yona wangukana kutumikiya Chiuta wake ndikuthaŵiya ku charu cha Talisi (Spain). Mutima wake wenga unono-no pakukana ko wamtumanga Chiuta.

(2) *Ŵerengani Luka 22:56-60.* Petro wangukana Yesu po wenga pasuzgu. Musungwana wanguza kumupanikizga kuti nayo wendanga ndi Yesu, kweni Petro wangukana ukongwa mupaka katatu kose. Petro wangurongo mtima unonono kukana Mbuyake ndi Mtaski wake wanguti, "Nditimuziŵa cha ine yo ukamba."

54. Kukanda pa moto

Konkhosko lake: ŵanthu ŵatenele kujiteska danga enga andamuke pa kanthu ko kuti atikaziŵa umampha cha. Kuselemu ŵaka mumakani kwambura kuteska danga mutu wa makani, uziŵa kusuzgikiya kumoza. *Garu yo yagona atiyiso-sombeka cha*, chifukwa yiziŵa ku kuruma. Uziŵa kusuzgikiya pa vinthu vyo vitikukwaska cha asani ulive zeru.

Tandauzo lake: Nchamampha cha kusosombeka anyaku wo atijifwasiya pa-lwawo, chifukwa uziŵa kusere pa suzgu. Kwesa ŵanthu, pamwenga kusoso-mbeka dala munthu, ukomwengi wija.

Kuzirwa kwa nthanthi iyi: nthanthi iyi yichenjezga ŵanthu kuti kusosombeka munthu yo wajijaliya phe, nchamampha cha. Nyengo zinyake uziŵa kusokomole dala nkhondo kuti akupweteki. Kanandi taŵanthu titambiya dala Chiuta pakuchita uheni. Chiuta ndi mukali, waziŵa kutilanga. Awonane, sonu nthenda yo yaza ya kawondewonde (HIV/AIDS). Panyake takwiyiska Chiuta lekani wa-tilanga, ndi nthenda yeniyi ya Ezi.

Mazu ghaku Chiuta gho ghakhozga nthanthi yeniyi:

(1) *Sumu 106:29.* Ndi nchitu zawo ŵanguyuska ukari wa Ambuya, ndipo nthe-nda yakofya yingubuka mukati mwawo.

(2) *Luka 11:53-54.* Wanguti watuwa kweniko iyo, ŵalembi ndi ŵa Farisi ŵangwa-mba kumfinyikizga ukongwa, ndi kufumbana nayo ndi ŵanandi, ŵaku-muŵandamiya kwachikole kanthu kaku mlomo wake.

(3) *WaHebere 3:17*. Ndipo mbayani wo wanguŵatundiriya virimika machumi ghanayi? Asi mbakulakwa wo, vyaku ŵeniwo vitanda vinguŵa mu bozwa lo?

55. Kukupong'a mu ndimba ya maji

Konkhosko lake: Nyengo zinande munthu pakusankha anyake akwenda nawo; asani watiŵaziŵa umampha cha, wabuchira kuti amutaya musuzgu.

Tandauzo lake: Munthu yo anyake amutaya musuzgu, chifukwa chakuseleliyapo bweka; kweni anyake atimuthaŵa kuti amovyi, pamwenga kumutaska.

Kuzirwa kwa nthanthi iyi: nthanthi iyi yikambika ndi ŵala pakuchenjezga *ahurwa* ndi *asungwana* kuti achenjengi ndi anyawo wo atenda nawo. Anyake akuwo mbarwani, aziŵa kukurongozge ku urwani weniwo asani wawamo, pazamuŵavi wakukuwombo. Nyengo zinyake yikambika nge nkhuchenya munthu yo waŵa musuzgu, chifukwa chakuleka kuvwiya chenjezgu la ŵala, pamwenga la apapi. *Akutaula* akamba nthanthi iyi kuchenjezga ŵanthu kuti aleki kuchita uheni, pamwenga kurondo Satana yo waziŵa *kuŵataya mubuwo*; kweni kurondo Yesu, mweniyo wataska.

Mazu ghaku Chiuta gho ghakhozga nthanthi yeniyi:

(1) *Yona 1:12*. Ndipo wanguti kwaku iwo, "Ndinyamuweni, ndipo ndipong'eni mu nyanja; viyo nyanja yimuŵiyeninge bata; chifukwa ndi ziŵa kuti nchifukwa changu leka lirondo ili lamuwiyani."

(2) *Mateyu 23:37-38*. "Yerusalemu, Yerusalemu we wakubaya ŵamchimi, ndi wakuŵapong'a mya wo ŵatumizgika kwako! Kwakaringa ndakhumba kuwunjika pamoza twana twako, nge ndimo nyakhutu waunjikiya twapiyupiyu twake kusi ku mapapiku ghake, ndipo kuti ungukhumba cha! Awonani, nyumba yinu yirekeka ndipo njamapopa."

56. Kuleska masozi

Konkhosko lake: Sangarusko lo tipereka kwakuyo wakwanjiwa wawo wafwa kuchita nge, nkhuleska masozi kwakuwo aliya.

Tandauzo lake: Kusangaruska wo mubale wawo wafwa.

Kuzirwa kwa nthanthi iyi: nthanthi iyi yikambika pa maliro ndiyo warongozga kukamba maronje wachilonde makhuzu ghaŵanthu. Nyengo zinyake yikambika kurongo mwana mulanda nge nkhumusangaruska po apapi ŵake ŵafwa. *Aku-*

Nthanthi 55:   Kukupong'a mundimba ya maji

taula akamba nthanthi yeniyi, kuti Chiuta ndiyo waleska masozi ghakuwo aliya, chifukwa ndiyo msangaruski mkuru.

Mazu ghaku Chiuta gho ghakhozga nthanthi yeniyi:

(1) **Yesaya 25:8.** Akameziyanga limu nyifwa muyaya, ndipo Ambuya Chiuta ŵakaleskanga masozi ku visku vyose, ndipo soni ya ŵanthu ŵake wakatu- zgangamo mu charu chose chapasi, pakuti Ambuya ndiwo akamba.

(2) **Mateyu 5:4.** "Mbakutumbikika ŵakutenje, pakuti iwo ŵasangaruskikenge."

57. Kulinda malinda-linda

Konkhosko lake: Kulindizga swi, kuti ndiwonenge nchitu yamampha pe, nkhu- heni. Chifukwa uziŵa cha panyake nchitu yo ulinda watongi mnyake. Nyengu zinyake nyengo yo ulindizga ndiyu wazamtamiya, sono yo wazamto nchitu yiya ndi yani? Asani uswela kusoka ulendo suzgu yikusaniyenge penipo.

Tandauzo lake: Asani munthu watiti wakupaskengi nchitu yamampha, iwe uli- ndiyenge paku yo ugwira. Kusiya cha nchitu yo wayiko. Chifukwa kuti uziŵa cha vyakunthazi, panyake apaskengi munyaki.

Kuzirwa kwa nthanthi iyi: nthanthi iyi, ndisambizgo kwakuyo walinda chinthu kwambura zeru. Nchamampha kugwira nchitu yo wenayo kuruska yo undayiko. Ndichenjezgo so kwaku yo wagomezga munyake kumugwiriya nchitu yake kwa- mbura iyo mwenecho kufuka-fuka. Ndi chenjezgo so ku alimi wo aswela kupa- nda mbeu zawo luŵi pa vuwa yakwamba. *Apharazgi* achenjeza ŵanthu kuti angaswelanga cha kuronde Mazu ghaku Chiuta, chifukwa nyengo njasonu ku- mzomera Chiuta.

Mazu ghaku Chiuta gho ghakhozga nthanthi yeniyi:

(1) **Marko 1:14.** Kweni wati wakomboleka Yohane, Yesu wanguza mu Galile, wakumemeza evangeli waku Chiuta.

(2) **Marko 10:21.** Ndipo Yesu, pakumlereska, wangumwanja, wangunena nayo, "Chinthu chimoza usoŵa; kanga kasaske chose cho wenacho, paska ku ŵa- kavu, ndipo ukaŵanga nayo mbiku kuchanya: ndipo zanga, ndirondo!"

(3) **Chivumbuzi 10:6.** Ndipo wangurapiya paku mweniyo ngwamoyo ku muyaya ndi muyaya, mweniyo wangulenga kuchanya ndi vya kweniko, charu ndi vya mwenimo, ndi nyanja ndi vya mwake, kuti yireke kuŵapo nyengo yakuswera so cha.

58. Kumuzi waku ndiko kwaku

Konkhosko lake: Nchamampha kukumbuka abali ŵako ko ukuwiya. Tituvwa mu uTonga kuti kali kwenga machona wo charu chinguŵarya ku *Joni* (South Africa) pamwenga ku *'Ulendo'*, ndikuruwa kwawo kumuzi. Kweni suzgo zati zaŵawiya pavuli paki angukumbuka kuwele ku muzi manjamanja. Anyake afwiyanga kweniko, avwikanga zina pe.

Tandauzo lake: Kunyoza ku muzi kwako nchamampha cha, chifukwa nyengo yazamukuza yo *nyaliwezga wazamuwezga*, wazamukhumba kuwele kwaku asani suzgo yakukwindika (kuzinga). Sonu yo wamukukulonde ndiyani asani unyoza ko ukuwiya?

Kuzirwa kwa nthanthi iyi: nthanthi iyi ndichenjezgo ku *Ahurwa* ndi *Asungwana*, pamwenga ku ŵanthu wo anyoza kwawo, ndi abale ŵawo. Nyengo zinyake aziŵa kukujowo musuzgu asani yakuzinga chifukwa po iwe wenga pamampha wa ŵanyozanga. *Apharazgi* atiti, kwidu kweneko nkhuchanya. Tireki kunyoza Chiuta yo wamulonde mizimu yidu asani tafwa. Kumuzi wa Ada a Chiuta ndiko kwidu kwenecho

Mazu ghaku Chiuta gho ghakhozga nthanthi yeniyi:

(1) **Chiyambo 47:30.** "Kweni ukandilarike pamoza ndi ada; undinyamuwe kundituzgamu mu Egipiti ukandiŵiki mu masano ghawo." Wangwamuka, "Ndikachitanga uli ndimo mwakambiya."

(2) Mwambi wa *Mwana wakusoŵa* utitisambizga po suzgu yati yamuwiya wanguwele kwaki ku awiske. Chingana uli wangusoŵa ndi charu wangukumbuka kwaki (*Luka 15:11-32*).

(3) **ŴaHebere 13:14.** Chifukwa panu tirive muzi wakujaririya, kweni tipenja wo utuza.

59. Kupaska nkhusunga

Konkhosko lake: nthanthi iyi yirongo mo mutundu wa Chitonga uthamiyana. Wija ungachita kanthu cha. Yo watikovya epa we pasuzgu ndi mnyako. Taŵanthu tijaliyana.

Tandauzo lake: Ulemu ngwamampha kuchitiya anyaku, chifukwa nawo azakukovya po iwe suzgo yazakukuwiya.

Kuzirwa kwa nthanthi iyi: nthanthi iyi ndithokozo kwakuyo watovya munyaki. Nchamampa taŵanthu kovyana pose po tija. *Ahurwa ndi Asungwana kovyana nkhwamampha*! *Apharazgi* achiska ŵanthu kupereka mipasko yawo kwakwe- nele kwaku Chiuta, nge nkhukuzga ufumu wake.

Mazu ghaku Chiuta gho ghakhozga nthanthi yeniyi:

(1) **Mateyu 6:19-21.** "Mungajiŵikiya mbiku panupasi cha, penipo nyenji ndi mu- rozu vitananga, ndi penipo ŵankhungu ŵabukutuwa ndipo ŵatuba. Kweni mujiŵikiye mbiku kuchanya, kweniko nyenji chingana ndi murozu kuti vita- nanga cha, kweniko ŵankhungu kuti ŵabukutuwa chingana nkhuba cha, chi- fukwa ko kwe mbiku yako, kweniko ndiko kuŵenge mtima wako.

(2) **Yohane 4:10.** Wangwamuka Yesu wangumnene, "Asani unguziŵa mpasku waku Chiuta, ndi mweniyo watukunene, 'Ndipaskeko ndimwe,' mphanyi iwe ungupempha iyo, ndi mphanyi wangukupaska maji ghamoyo."

(3) **Machitidu gha Ŵakutumika 20:35.** Mwaku vyose ndakurongoni, kuti mwa- ŵakutakatakiya viyo mutenere kuwovya ŵakutomboroka, ndi kukumbukaso mazu gha Ambuya Yesu, po wanguti iyo, "Nkhwamwaŵi kupaska kwaku- ruska kuronde."

(4) **2 ŴaKorinte 9:7-8.** Munthu yose wapaske uli ndimo wajiteme mu mtima wake; kwachigwinini cha; pamwenga kwakukakamizgika cha; chifukwa Chi- uta watanja mpaski wamasangu. Ndipo Chiuta ngwanthazi kumfurwiskiyani vitumbiku vyose alinga kuti pakukoroka nyengo zose mu chinthu chose, mufurwiyenge ku mlimu wose wamampha.

60. Kupereka mphepeska

Konkhosko lake: Kali mu visopu vya auskekurufwe aperekanga sembe kuti ako- ndweske "azimu" (mizimu) ya ambuyawo.

Tandauzo lake: Nyengo zinyake ŵanthu apereka sembe pa muunda wa abale ŵawu mwakuti *mizimu* ya akufwa yileke kuŵasuzga, pamwenga yiŵapaskenge mwaŵi ndi chimango mo atenda.

Kuzirwa kwa nthanthi iyi: nthanthi iyi yikambika pakupereka sembe (vyawa- nangwa) yakusangaruska *azimu* kuti aleki kusuzga wo mbamoyo. *Akutaula* aka- mba nthanthi iyi pakuchiska ŵanthu kupereka vyawanangwa kwaku Chiuta, ku- muwonga vyo watiŵachitiya.

Mazu ghaku Chiuta gho ghakhozga nthanthi yeniyi:

(1) **Ŵerengani ŴaLevi 5:1-13.** Tasambira ndi sembe zo ŵaYuuda aperekanga kwaku Chiuta kumuwonga ndiku mukondŵeska.

(2) **Malaki 3:9-11.** Mwatembeka ndi thembo, chifukwa mutindiba, mtundu wi-

nu wose watembeka. Zina ndi vyachichumi vyamphumphu ku nyumba ya-kusungiyamo, mwakuti muŵe vyakurgha mu nyumba yangu. Po ndipo mu-ndese, atiti Ambuya wa maŵanja, asani kuti nkhamujuliyaninga cha mada-ngazi gha kuchanya, ndi kumupunguliyani vitumbiku vyakuzara. Nkhache-nyanga zombe chifukwa chaku imŵe, kuti wareke kurgha ndi kumwa vipasi vya nyata yinu, ndipo mphereska zinu mu munda kuti zikatondekanga kupasa cha, atiti Ambuya ŵa maŵanja.

61. Kurgha zina

Konkhosko lake: Iyi ndi nthowa yimoza yo a Tonga ahariya zina la fuko lawo, pamwenga kuhara ufumu wa ambuyawo.

Tandauzo lake: Munthu yo wahara zina, pamwenga vyuma vya asibweni ŵake, pamwenga apapi ŵaki. Nyengo zinyake ndi munthu mweniyo wahara ufumu wapa fuko lawo.

Kuzirwa kwa nthanthi iyi: nthanthi iyi yikambika ndi ŵala-ŵala, asani pe makani ghakusankha yo waharengi (watongi) zina la ufumu, pamwenga la fuko lawo. Nyengo zinyake yikambika pa chimeta asani nyifwa yato yo wenga ndi vinthu (chuma) vyo wasiya, kuti vigaŵike kwakuwo akwaskika ndi zina lakuyo wafwa (abali). *Apharazgi* achiska ŵanthu kuti azomere Chiuta kuti akahare ufumu wake.

Mazu ghaku Chiuta gho ghakhozga nthanthi yeniyi:

(1) *Nehemiya 9:10* Ndipo munguchita visimikizgu ndi vyaminthondwi paku Farao ndi ŵateŵeti ŵake ndi ŵanthu wose ŵa charu chake, pakuti munguziŵa kuti wanguchita mwa mutonyolo pa auskefwe; ndipo mungujichitiya zina, uli ndimo lilili kufika msana wale.

(2) *Machitidu gha Ŵakutumika 17:31.* Chifukwa watema zuŵa, mwaku lo wa-khasa kweruzgiya charu mu urunji mu munthu yo wamumika; wati wapaska chimbondu kwaku wose pakumyuska ku ŵakufwa.

(3) *Chivumbuzi 2:17.* Yo we ndi gutu wavwenge cho mzimu ukamba ku mipi-ngu. Ku wakupunda yo nkhampaskangapo vya mana gho ghakubisika, ndi-po nkhampaskanga mwa utuŵa, ndi pa mwa wo zina lifya lakulembekapo, lenilo palivi yumoza watiliziŵa, kweni yo waronda pe ndiyo.

62. Kuronde ndi manja ghaŵi

Konkhosko lake: A Tonga mbanthu a ulemu ukongwa. Tingayeruzgiya nge po alonde mlendo asani waza pamuzi. Mlendo atimupaska mayani cha, kweni dendi lamampha, nge *nyoli*, *nyama*, ndi *somba*. Ndipu atimunozge pakugona pamampha.

Tandauzo lake: Munthu watenele kuŵa wa ulemu ndi wakuphwere alendo wo watiŵaziŵa kuti mbarwani cha.

Kuzirwa kwa nthanthi iyi: nthanthi iyi yikambika asani ŵanthu alonde mlendo wakuzirwa nge Fumu, pamwenga mula wa Boma: *Pulezidenti*, *nduna*, ndi aku-vwika aviyo. *Apharazgi* akamba nthanthi iyi epa nyengo ya *Khrisimasi* yeku-fupi, kuti a Khristu anozgeke kuronde Yesu Kristu panyengo yakuzirwa yaviyo. Yesu watuza mcharu nge mlendo wakuzirwa ukongwa kuruska alendo wose wo tironde.

Mazu ghaku Chiuta gho ghakhozga nthanthi yeniyi:

(1) **Yohane 1:12.** Kweni wose wo ŵangumronde ŵakuvwaniya mu zina lake wanguŵapaska mtufu wakwachiŵiya ŵana ŵaku Chiuta.

(2) **Filemone v. 17.** Viyo asani utindesa ine nge ngwamasanga, mronde nge ndine ndamweni.

(3) **ŴaHebere 13:1-2.** Kwanja ŵabali kwinu kujaririyenge, mungaruwirizga kwa-nja ŵalendo nako; chifukwa viyo ndimo ŵanyake ŵangurondere ŵangelo ŵakuseŵe nawo kwambura kuŵaziŵa.

63. Kuruta mphichi ndi kayuni

Konkhosko lake: Munthu yo wapong'a kayuni ndi mphichi, vyose virutiya pamoza kwambura kuwe.

Tandauzo lake: Munthu wazeru watenele kuwe kwaziwonga, yo wamuchitiya umampha, pamwenga yo wamovya panyengo ya masuzgu.

Kuzirwa kwa nthanthi iyi: nthanthi iyi yikambika nge nchisambizgu ku munthu yo walivi njuŵi, pamwenga wambura kurumba ndi kuwonga, pakuvyo anyake amuchitiya. *Akutaula* mazu ghaku Chiuta akamba nthanthi iyi nge nkhuchiska ŵanthu kuti atenele kuwonga Chiuta pavyawezi vyo watiŵachitiya.

Mazu ghaku Chiuta gho ghakhozga nthanthi yeniyi:

(1) **Luka 17:17-18.** Ndipo Yesu wangwamuka, wanguti, "Asi wo chumi ŵangu-tozgeka? Ŵankhonde ndi ŵanayi wo ŵepani? Asi ŵangusanirika ŵakuwere kwachipaska unkhankhu kwaku Chiuta, kweni mlendo uyu pe?"

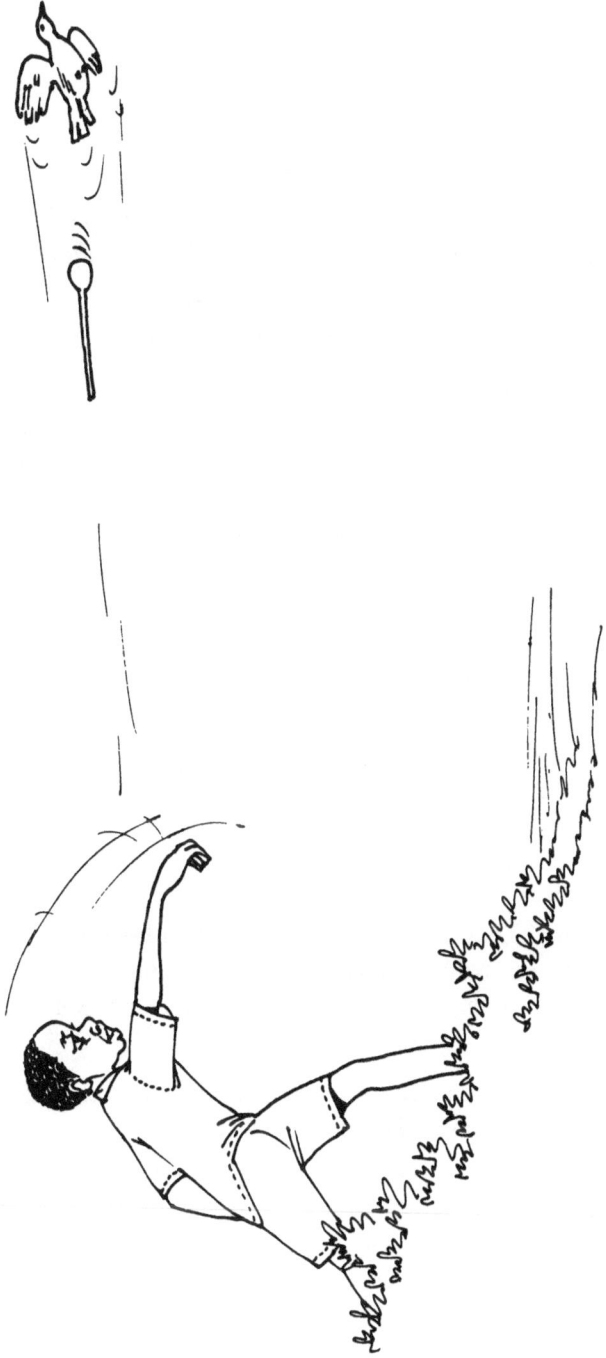

Nthanthi 63:   Kuruta mphichi ndi kayuni

(2) *ŴaKolose 3:17.* Ndipo chose cho mungachita, mu mazu pamwenga mu nchitu, chitiyani vyose mu zina la Ambuya Yesu, ndipo muwongeni Chiuta Dada mwaku iyo.

64. Kuseŵe ndi chirwani mbuzereza

Konkhosko lake: Pa Chitonga pe nthanu yo yisambizga kuti, likhumbira ndiheni. *Kamzunguzeni* wangujiguziya nyifwa pa kuŵeta *Nyalubwe,* yo pavuli pake wangumukhakhanya.[7] *nyalubwe* nayo aseŵe nayu?

Tandauzo lake: Munthu watenele kujiphwele ndi chose cho wachita.

Kuzirwa kwa nthanthi iyi: nthanthi iyi ndi chenjezgo ku ŵanthu kuti, kurondo maluso ghaheni mburwani, uziŵa kujiguziya nyifwa, pamwenga kunanga umoyo wako. Ŵala-ŵala ŵacheŵeska ŵana ŵawo kuti kwesa vinthu vyo vingananga umoyo wawo mbuheni ukuru. *Apharazgi* achenjezga wanthu kuti kwesa Chiuta pakuchita uheni nkhudana *kandundu* kaku Chiuta.

Mazu ghaku Chiuta gho ghakhozga nthanthi yeniyi:

(1) *Ŵerengani Chituwa 32:7-10.* ŵana ŵa Yisraele ŵangwesa Chiuta mu mapopa kweni Chiuta wanguŵalanga ndi zinthenda; nyengo zinyake kuŵalanga mu zinkhondo.

(2) *Jobu 21:20.* Maso ghawo penipo ghawona pharghaniko lawo, ŵatumwako ukari wa Wanthazizose yiwo ŵeneko.

65. Kuseŵe ndi lezara la uyi kose-kose

Konkhosko lake: Lezara ndawuyi ukongwa ndipu liswela cha kucheka munthu asani waliko uheni. Ndichimozi-mozi kuti asani munthu utimuziŵa umampha cha, mtima wake, ungamukonga mwasaza cha. Panyake ndi murwani waziŵa kukupweteka.

Tandauzo lake: Ndi munthu mweniyo kubwalo watijilongo nge ngwamampha, kweni mtima wake nguheni. Ndimurwane ndipo ndi mtesi.

Kuzirwa kwa nthanthi iyi: ŵala-ŵala ŵakamba nthanthi iyi nge ndi chenjezgo kuti tingafwasanga cha ndi ŵanthu wo tileka kuŵaziŵa umampha. Aziŵa kutipweteka. Viŵi-viŵi *munthu yo ngwamtimba-kuŵi.* Kanande munthu wa viyo atimudana *mfwiti,* yo pamaso warongo ulemu kweni mtima wake ndi murwani

---

7 *Mcapu wa Chitonga,* p. 21.

Nthanthi 64:   **Kuseŵe ndi chirwani mbuzereza**

ndipo ngwasanje. Apharazgi atitichenjezga kuti Satana wawoneka nge mngelo wakuŵala kweni nchirwani chakofya. Nkhuyu yinozga pa utiyiwona mu maso, kweni mkati mwe nyele, *chikome-kome cha nkhuyu mukati mwenyele.*

Mazu gkaku Chiuta gho ghakhozga nthanthi yeniyi:

(1) *Yesaya 8:20.* Kukusambizga ndi ku ukaboni! Kwakuneneska pa mazu yagha wakamba kulivi kucha.

(2) *Yesaya 36:6.* Ehe, uyegeme paku Egipiti, ndodo ya dete liya lakuphwanyika lenilo likahomanga janja la munthu we yose wakuyegeme. Viyo ndimu waliri Farao karonga wa Egipiti kwaku wose ŵakuliyegeme pake.

66. Kutaya thayu

Konkhosko lake: Pa Chitonga pe nthanu yaku *Tambala ndi Zumbwe.*[8] Paku-khumba kuchita maluso gho Zumbwe wangughaziŵa cha wangujidumuwa mutu, ndikufwa. Kweni ŵana ŵake anguziŵa kuti Tambala ndiyo wangubayiska auskewo. Sonu ŵana aku Zumbwe angukhumba kuwezge nduzga kuti abaye Tambala.

Tandauzo lake: Kuwezge uheni ku munthu.

Kuzirwa kwa nthanthi iyi: nthanthi iyi yikambika asani munthu wakhumba kuwezge nduzga chifukwa cha uheni wo wakuchitiya munyako. *Apharazgi* aka-mba nthanthi iyi kuchenjezga ŵanthu kuti nchamampha cha kuwezge uheni munyako, kweni kugowokiyana ndiko kwamampha, chifukwa Chiuta ise watiti-gowoke epa tamunangiya.

Mazu ghaku Chiuta gho ghakhozga nthanthi yeniyi:

(1) *Mateyu 5:38-39.* "Mwavwa kuti kunguneneka, 'Jiso ku jiso, ndi jino ku jino.' Kweni ine ndikuneniyani, Ungamikana nayo mheni cha. Ndipo yose yo wakupamantha pa dakama lako lamarghe, umung'anamuliye linyake nalo."

(2) *Yohane 18:10.* Viyo Simoni Petro, wakuŵa ndilipanga wanguliwewepuwa, ndipo wangukose muŵanda wa mzukuru mura, wangudumuwako gutu lake lamarghe. Zina la muŵanda yo lenga Malko.

(3) *ŴaRoma 12:19.* Mwaŵakwanjiwa, mungajitayiya thayu cha, kweni ndereni malo ku kandundu kaku Chiuta; pakuti kwalembeka, "Thayu ndaku ine; ine ndamwerezgapo, watiti Mbuya."

---

8   F.K. Chirwa, *Nthanu za Chitonga*, pp. 74-75.

67. Kutorana ndi Viyuni Marambo

Konkhosko lake: Pa Chitonga *Viyuni Marambo* ndivyenivyo viyinga vyaru ndi vyaru, chikhomo virivi. "Marambo" ndi zina lo a Tonga adananga achikamba yo tidana sonu "Zambia." Kwembiri yakuti viyuni vinyake vya chilendo ko vituliya viziŵika cha. Nthanthi iyi yikutuliya ku nthanu yo yikamba ndi za musungwana *Ngoza,* yo kuti wanguvwiya cha vyo apapi ŵake angumunene kuti watenele kuŵirwa ku munthurumi bweka cha, vinu wangachisuzgika. Kweni *Ngoza* wangujumpha chichinyiya cha apapi; wangutorana ndi anyamata ambura kuziŵika nkharo yawo. *Ngoza* ati aruta nayo panyanja pakati angumujowo yija. Ŵanthu ŵa angume mapapa ndikubira pamaji jwaa![9]

Tandauzo lake: Nchamampha kuvwiya mazu ghakucheŵeska mwakuti tireke kusele musuzgu.

Kuzirwa kwa nthanthi iyi: nthanthi iyi yikambika pakuchenjezga *ahurwa* ndi *asungwana* kuti atenele kuŵa ndi zeru pakusankha chinthu cho chiŵawovyenge kunthazi. Kaya nkhusankha munthurumi pamwenga munthukazi wakutolana nayo; kaya nkhusankha nchitu yakunthazi, kaya nkhusankha masambilo gho ghakovyenge kukupaska nchitu yachikhazi kunthazi. Nthanthi iyi yichenjezga so *asungwana* wo athaŵiliya nthengwa enga andafikepo. Nthengwa zikho cha chifukwa chakuleka kuvwiya apapi, ndipu so chifukwa chakuleka kusankha kwakudekha (kufwasa).

Mazu ghaku Chiuta gho ghakhozga nthanthi yeniyi:

(1) *Nthanthi 24:1.* Ungaŵachitiyanga sanje cha ŵanthu ŵaheni, chingana nkhunweka kuŵa nawo pamoza.

(2) *Ŵerengani 2 Timote 3:1-9.* Paulo wachenjezga kuti ŵanthu wo achita mphurupulu umoyo wawu alutiriya cha, chifukwa munthu yose wawonenge kupusa kwawo.

68. Kuwezga janja/kase ruta kase weku

Konkhosko lake: 'Kamampha kawezga kamampha.' Pa Chitonga pe kuthamiyana, pamwenga kugomezgana yumoza ndi munyake.

Tandauzo lake: Asani munyako wakuchitiya ulemu, nawe utenele kuwezga ule

---

[9] Nthanu iyi angukamba Anyaphiri (Mrs Rev. Wesley Manda) pa Kang'ongo po ndenga pa kafuku-fuku (October 1994).

Nthanthi 67: Kutorana ndi Viyuni marambo

mu. Viŵi-viŵi asani munyako wakupaska kanthu nawe zua linyake umukumbuke kumuchitiya wezi. Kuryiyarwande cha. Nkhwamampha cha kupima kuti *Vyaku Fu vyakuryiya lwande. Uchembele nkhuryiyana!*

Mazu ghaku Chiuta gho ghakhozga nthanthi yeniyi:

(1) **Mateyu 7:12.** Viyo vyose vyo mungakhumba kuti ŵanthu ŵachitiye imwe, namwe so muchitiye iwo kwakulingana: chifukwa chenichi nchilangulu cho ndi ŵamchimi wo.

69. Kuŵika mphoro mlandu

Konkhosko lake: 'Mphoro' (mkutî) ndi sima yakugona yo ŵana anyaki ku mlenjilenji aturya.

Tandauzo lake: Kuŵika chinthu kuti chikovye nyengo yinyake po chazamukhumbika so.

Kuzirwa kwa nthanthi iyi: nthanthi iyi yikambika asani mphara ya mlandu yalangula kuti mlandu azidumuwi pavuli mwakuti ŵeruzgi ausande danga. *Apharazgi* akamba nthanthi iyi kuchenjezga ŵanthu kuti nyengo nja sonu kusele mu ufumu waku Chiuta. Ŵa Khristu atenele kuronde Yesu Khristu kweche sonu, mawa cha.

Mazu ghaku Chiuta gho ghakhozga nthanthi yeniyi:

(1) **Machitidu gha Ŵakutumika 24:25-26.** Kweni wachipokoto iyo vyapa urunji, ndi kujitintha ndi cheruzgu cho chikazanga, Feliko wangumbwambwantha, ndi wangwamuka, "Sono rutanga; ndipo ndichiŵa ndi nyengo, ndamkukudana." Kweni so wagomezganga kuti chuma chingapaskika ndi Paulo kwaku iyo: chifukwa chenicho wamdananga kaŵikaŵi, ndi wakambiskananga nayo.

(2) **Machitidu gha Ŵakutumika 28:23.** Ndipo wanguti wamteme zuŵa, wanguza kwake mu chitandara chake ŵanandi; kwaku wo ŵangupatauliya makani gho, ŵakusimikizga ufumu wo waku Chiuta, ndi wakuŵakope vyapaku Yesu, vyakutuwa ku langulu laku Mosese ndi ku ŵamchimi kwanda ku mlenji mpaka ku mazuro.

(3) *2 ŴaKorinte 6:2.* Chifukwa watiti, "Mu nyengo yakurondeka ndingutegherezga kwako, ndipo mu la utaski ndingukovya."

70. Kwambiriya limu maji gheche mugongono

Konkhosko lake: Tingayeruzgiya nge po musinje utore asani kwe vuwa. Maji ghatutuka kamana-kamana. Asani uswela kwambuka mbwenu ukukulwenge. Asani ukhumba kutaska laya po lipaluka utenele kusonapu luŵi musono.

Tandauzo lake: Epa uwona suzgo ye pafupi kukuzinga, nchamampha kusaniya luŵi nthowa yakutaskikiya, pamwenga kuyithaŵa yenga yindakuzingizge.

Kuzirwa kwa nthanthi iyi: Ndichenjezgu ku *Ahurwa* ndi *Asungwana* kuti mungalindanga suzgu mpaka yimusaniyeni cha, kweni saniyani nthowa luŵi yakuthaŵiya. Ŵana ŵa sukulu atenele kulimbikiya kuti kunthazi akaŵi ŵanthu akujovya ŵija. Yo wasele mu maluso ghaheni watijidaniya suzgu pa umoyo waki. Nchamampha kuleka luŵi maluso ghaheni ghenga ghandame nkhorozu mu umoyo widu. *A pharazgi* a Mazu ghaku Chiuta atiticheŵeska ndi *nthanthi* yeniyi kuti tingaswelanga cha ndivinthu vya pa charu, kwambura kung'anamuka luŵi mtima. Yesu watitichenjezga kuti palive nyengo yakuti tikaŵike akufwa, pamwenga tikaraliske mbumba zidu. *Nyengo njasono kusere.*

Mazu ghaku Chiuta gho ghakhozga nthanthi yeniyi:

(1) **Yesaya 55:6.** "Penjani Ambuya penipo angasanirika, danani paku iwo penipo ŵeche pafupi."

(2) **Luka 9:57-62.** Ndipo ŵachika iwo mu nthowa yumoza wanguti kwaku iyo, "Ndazamrondo imwe kose ko mungaruta." Ndipo Yesu wanguti kwake, "Akambwe ŵe nazo mphanji, ndipo tuyuni twa kuchanya vivimbu; kweni Mwana wa munthu walive pakusamira mutu." Ndipo wanguti ku wamwenga, "Rondo ine." Kweni iyo wanguti, "Ambuya, ndizomerezgeni kuruta danga kwachiŵika ŵada." Kweni wanguti kwaku iyo, "Reka ŵakufwa wo kuŵika ŵakufwa, ŵakufwa pe ŵaŵikanenge ŵija; kweni iwe ruta memeza ufumu waku Chiuta." Ndipo wamwenga nayo wanguti, "Ndazamrondo imwe, Ambuya; kweni danga ndizomerezgeni kwachirayirana ndi ŵamu nyumba yangu." Kweni Yesu wanguti kwaku iyo, "Palive yumoza wakuŵikapo janja lake pa chilimiru, ndi wakulereska ku vyakuvuli, ngwakwenere ku ufumu waku Chiuta."

71. Kwambiriya nkhugona pakati

Konkhosko lake: Pa chizungu pe nthanthi yakuti, *Kayuni ko kadankha kufika pa malo ndiko kasaniya munyolo.* Mbuneneska, pa Chitonga napo ndi viyo. Munthu yo wakhumba kuti wasaniye chamampha watenele kwamba luŵi. Wazamufikiya pamampha asani pa malo wafikapo luŵi.

Tandauzo lake: Nchamampha kutuzgapo suzgu luŵi yenga yindakuwe. Chilonda asani uleka kuŵikapo luŵi munkhwala chinyekenge. Kuzomerezga suzgu kuti yikusere mbuheni limu.

Kuzirwa kwa nthanthi iyi: nthanthi iyi yititisambizga kuzirwa kwakuja wakunozgeka-nozgeka. Titinthimikenge pa kuchita kanthu. *Ahurwa* ndi *Asungwana* atenele kunozga vyakunthazi kwawo ŵeche amupupuka. Asani ukhumba kuti matenda ghaleke ku kuko, nchamampha kujiko, pamwenga kumwa mankhwala wo ng'anga yingakupaska. Ŵana wo ŵepa Sukulu atenele kuswela cha kwambiya pamoza ndi anyao visambizgo. Nchitu yidu yikuru nkhuŵa maso nyengo zonse vinu suzgu yingatizinga kwa mabuchi-buchi. *A pharazgi* atiticheŵeska kuti tiŵe masu. *Yesu watuza!*

Mazu ghaku Chiuta gho ghakhozga nthanthi yeniyi:

(1) Tikumbuki a mwali ankhonde ŵa azeleza, wo anguleka kunozge limu nyali zawo. Wachiza mweneko wa nthengwa wanguŵajalika kubwalo. Kweni amwali ŵankhonde wo anguchenje angulondeleka ndi mwenecho wa nthengwa (ŵerengani *Mateyu 25:1-13*).

(2) *Marko 2:2.* Ndipo ŵanguwungana ŵanandi, viyo kuti mwengavi so malo chingana mpha nkhomu; ndipo warongoronga nawo mazu gho.

(3) *Luka 2:7b.* Ndi wangumlalika mu murgheru. Pakuti kwengavi kwaku wo malo mu nyumba ya ŵalendo.

72. Kwawiyako Chiuta

Konkhosko lake: Pa Chitonga "Limphezi," pamwenga chinthu chose chakuziziswa atiti ndi nthazi yaku Chiuta. Nthenda zichiwa anyake atiti, 'Chiuta watitilanga chifukwa cha mauheni ghidu gho tichita'.

Tandauzo lake: Ching'anamuwa, nthenda yo yamala ŵanthu kumuzi wa mwenga/unyake, nge ndimo sonu nthenda ya HIV/AIDS yawiya mcharu.

Kuzirwa kwa nthanthi iyi: nthanthi iyi yikambika ndi ŵala, kurongo nthazi yaku Chiuta, asane kumalo ghanyake kwawa nthenda yiheni ndi yakofya yo yimala ŵanthu. Ndipu so ndi chenjezgu kuti ŵanthu ŵaleki kuchita uheni, kweni ŵawopi Chiuta vinu wangaŵalanga wose. Mu nthanthi iyi apharazgi acheŵeska ŵanthu kuti aleki kuchita uheni chifukwa Chiuta waziŵa ku ŵamara ndi zinthenda ziheni. Ndichenjezgu ku *Ahurwa* ndi *Asungwana* kusiya uheni, vinu Chiuta wangaŵalanga ndi zinthenda ziheni.

Mazu ghaku Chiuta gho ghakhozga nthanthi yeniyi:

(1) **Chituwa 9:8-10.** Tisambira kuti ŵana ŵa Egipito angulangika ndi zinthenda za mapumba chifukwa chakukana kutuzga ŵana ŵa Yisraele mu ukapolo.

(2) **Chituwa 9:15.** Pakuti pa nyengo yino mphanyi ndikutambaruwa kale janja langu kukupuma iwe ndi ŵanthu ŵako ndi videru, ndipo mphanyi muku-dumulikako ku charu chapasi.

(3) **Yesaya 37:36.** Ndipo mungelo wa Ambuya wanguruta, wangubaya vikwi machumi pe chumi ndi machumi ghankhonde ndi ghatatu (185,000) mu ugoŵi waAsiriya; ndipo penipo ŵanthu ŵanguyuka ndi mlenjilenji, ehe, yaŵa wose ŵenga viŵanda.

(4) **Amosi 3:6.** Kumbi mbata yingambika mu msumba, ndipo ŵanthu ŵangareka kuopa? Kumbi chiheni chingawamo mu msumba, kwambura kuti cha-chitika ndi Ambuya?

(5) **Luka 21:11.** Ndipo viŵengepo viyeuyeu vikuru, ndi mu malo-ndi malo vilala ndi videru; ndipo viŵengepo vyakofya, ndi visimikizgu vikuru vyakutuliya kuchanya.

73. Kwe karakato

Konkhosko lake: Pa Chitonga anyake avwana kuti ŵanthu wo akutema mi-nkhwala yiheni ayuka epa ŵafwa, ndi kusanduka *nkharamu, nyalubwe, njoka,* ndi vya viyo.

Tandauzo lake: Ndi mweniyo munthu wapunda nyifwa, ndi kusanduka chiko-zgo chinyake.

Kuzirwa kwa nthanthi iyi: Ŵala-ŵala ŵakamba nthanthi iyi asani chirwani chaza mu muzi kofya ŵanthu, nge kukoroma kwa *Nkharamo, Nyalubwe,* ndi vinyake vya viyo. Ŵanthu azizwa kuti, vyaza ndiyani po charu chenga bata. Mwa viyo ŵanthu agomezga kuti ndi mzimu wa munthu yo wakufwa sonu wasambuka chirwane.

Mazu ghaku Chiuta gho ghakhozga nthanthi yeniyi:

(1) Mu **Yohane 11:43-44.** Tisambira kuti Yesu wanguyuska Lazaro ku nyifwa. Wangudana Lazaro kuti, "Lazaro tuliya kuno kubwaro!"

(2) Pa **Yohane 20:1-10.** Tisambira ndi chiyuka chaku Yesu kunyifwa. Yesu ndi *Karakato waŵa karakato.* Chifukwa nthazi ya awiske Chiuta yingumuyuska ku nyifwa. Yesu yija ndiyo wakupunda nyifwa. Ŵanyake wo tituvwa ndi vibi-

zi/maselemusi ŵaka, chifukwa chakurya minkhwala, atiti atachisanduka vi-kozgo vinyake.

74. Likhwechu lamunyako payika, mawa le pako

Konkhosko lake: Cheruzgo cho upereka pa munyako, nawe so wazamukweru-zgika ndi chenicho.

Tandauzo lake: Titenele kuseka munyidu cha asani weruzgika pa uheni wo wachita, chifukwa nase po tazamubudiya taza mukweruzgika viyo.

Kuzirwa kwa nthanthi iyi: nthanthi iyi yituma pa mutu wa "Cheruzgu," cho tipereka ku ŵanthu mu zimphara zidu. Yo mlandu kuti wamuwiya cha waleki kuseka yo chamuwiya. Kuchita viyo nkhujikuzga. Nyengo yinyake nawe waza-mkuŵa pa mlando unyaki po cheruzgo chazamukuŵa paku iwe. *Ahurwa* ndi *Asungwana* kusekana cha asani munyako we pasugzu. Ku khwichizga munyako nchamampha cha mawa chazamuwona iwe.

Mazu ghaku Chiuta gho ghakhozga nthanthi yeniyi:

(1) *Mateyu 7:1.* "Mungeruzganga cha, alinga kuti mureke kweruzgika."

(2) *ŴaRoma 12:19.* Mwaŵakwanjiwa, mungajitayiya thayu cha, kweni ndereni malo ku kandundu kaku Chiuta; pakuti kwalembeka, "Thayu ndaku ine; ine ndamwerezgapo, watiti Mbuya."

75. Lilime lenge moto

Konkhosko lake: Apa lilime nchakweruzgiyapo ŵaka, kurongo kuti tunthu tumana-tumana, asani uleka kutuphwele, tuziŵa kukutonda pavuli pake. Iwe waza mubuchira we pasuzgo.

Tandauzo lake: Nchakuzirwa kuphwele tunthu, nanga uli tuwoneka mu masu kuŵa tumana.

Kuzirwa kwa nthanthi iyi: nthanthi iyi yisambizga munthu kuti watenele kuche-ŵa pakuchita vinthu. Asani mpha mzinda munthu watenele ku mukiyamo bwe-ka cha kanthu kwambura kuteska danga, ndi kuthoŵa ko makani gharazga; kopa kuti ghangayuska viwawa vikuru. *Apharazgi* akamba nthanthi iyi kuchenjezga Akhristu kuti atenele ku jiko, chifukwa vyakulongolo vipasuwa mipingo. *Lilime ndi moto lipasuwa muzi.*

Mazu ghaku Chiuta gho ghakhozga nthanthi yeniyi:

(1) *Yesaya 30:27.* Ehe, zina la Ambuya lituwa kutali, lakunyeka ndi ukari wawo,

ndi mu usi ukhomi wakukwera; milomo yake njakuzaza ndi kukwiya, lilime lake le uli ndi moto wakocha.

(2) *Yoele 2:3.* Moto ukole paurongo pawo, ndi kuvuli kwawo mlipu utocha. Charu chenge ndi munda wa Edene paurongo pawo, kweni kuvuli kwawo mabozwa ghasokwa, kulivi kanthu kakupozomoka kwaku iwo.

(3) *Yakobe 3:5.* Viyo lilime nalo nkhachiŵaru kamanavi ndipo lijithamiya ukongwa. Awonani moto umanaviweni nawo utocha lisuwa likuru!

76. Limphezi liweliyamo cha mu chimiti

Konkhosko lake: Viripo vinthu vinyake vyo vichitika kamoza pa nyengo.
Tandauzo lake: Mwaŵi uwerezga cha. Asani wausaniya uwunchakatiye, ndi kuwukankhaŵiya ndi manja ghaŵi.

Kuzirwa kwa nthanthi iyi: nthanthi iyi yisambizga munthu kuŵa wakuphwele vinthu ndipo so wamagomezgeka. Yichenjezga so *ahurwa* ndi *asungwana* kuphwele ndi kukoreska cho asaniya pa umoyo wawo. Asani ndi chuma, kukhumbika cha kumwaza bwekabweka, chifukwa asani chamala uchisaniyengi so cha. *Apharazgi*, atiti, asani walangika kamoza utenere kupe mtima.

Mazu ghaku Chiuta gho ghakhozga nthanthi yeniyi:

(1) ̂Werengani *Mateyu 3:8-12.* Muchite vinthu vyo virongonge kuti imwe mwareka uheni .... Mbavi yajikika ku nkhorozu za miti, chimuti chose chakureka kupasa vipasi vyeneko chitemeka ndipo chipong'eka mu moto.

(2) ̂Werengani *Luka 15:11-21.* Kumbukani mwana wakusoŵa yuwa wangumwaza chuma cha awiske. Wangusoŵe dondu ndi kusuzgika ukongwa. Wangurya vyo nkhumba zaryanga. Pavuli pake wanguwele ku awiske.

(3) *Chivumbuzi 3:11.* Nthuza ruŵi: koreska cho we nacho, alinga kuti paŵevi yumoza wakupoka ndumbu yako.

77. Mafurukutu ngaŵaka mapundi nkhubikiya ŵanthu; mawala ngatuswa vyaka

Konkhosko lake: Ŵalipo ŵanthu ŵanyake wo iwo mbakujirongo pakuchita tunthu. Atijiwoneska nge mba zeru, penipo cha kweni akuchenje mwakupusa (mwa uzeleza).

Tandauzo lake: Kuchenjeriyamo bweka unangengi vinthu vyaŵeni. Kujikuzga uwayukengi.

Kuzirwa kwa nthanthi iyi: nthanthi iyi yisambizga "kujiko." Mamphuru ghananga vinthu. Ndi chenjezgo kwa kuwo ŵendi mtima wakujikuzga kuti iwo ndiwo mba zeru. Munthu waviyo kuti mu mupaske nchitu mbwenu watondeka kuchita, pamwenga waziŵa kunanga nchitu. Ŵaviyo mbachenjezi ndi ŵakukwamphuwa ŵaka uku zeru ŵalivi.

Mazu ghaku Chiuta gho ghakhozga nthanthi yeniyi:

(1) *Nthanthi 11:2.* Asani patuza kujikuzga pavuli patuza chilengesku; kweni pamoza ndi wakujiyuyuwa ndi zeru.

(2) *Nthanthi 16:18.* Kujikuzga kudanjiya paurongo pa pharghaniku, ndi mtima wakujikuzga paurongo pa kuwa.

(3) *Yeremiya 49:16.* Kofya ko we nako kwakupusika, ndi kujikuzga kwa mtima wako, iwe wakuja mu malijengwajengwa gha mya, iwe uthamiya utali wa mtunthu. Chingana uchita chivimbu chako nge ncha nombo, ine ndikakusiskiyanga pasi kutuwa kwenikuwa, atiti Ambuya.

78. Maliro nkhuliyana

Konkhosko lake: Pa Chitonga pe kujaliyana, palivi munthu yo watiti *ine nde munthu ndija*, nge munthu yo we yija pa chirwa cha pa nyanja.

Tandauzo lake: Ŵanthu ŵatenele kovyana nyengo zose, kaya ndi nyengo ya mleli, pamwenga nyengo ya masuzgu.

Kuzirwa kwa nthanthi iyi: nthanthi iyi yichiska ŵanthu wo kuti atenda cha mumaliro gha anyawo. Akuziŵiriya umoyo wakuja ŵija. Kweni nyifwa yisankha cha, asani ye paku iwe ukhumbenge anyako ku kovya. *Ahurwa* ndi *Asungwana* asambirenge kovya milimu ya pa maliro, nge nkhutumika, kubika, pamwenga, *ahurwa* azeru awovyengi kukumba dindi, ndikupereka ma uthenga ku wanthu.

Mazu ghaku Chiuta gho ghakhozga nthanthi yeniyi:

(1) *Mateyu 7:12.* Viyo vyose vyo mungakhumba kuti ŵanthu ŵachitiye imwe, namwe so muchitiye iwo kwakulingana; chifukwa chenichi nchilangulu cho ndi ŵamchimi wo.

(2) *Ŵerengani Yohane 11:1-44:* Pa nyifwa yaku Lazaro, AYuda wo anguzengezgana nayo angucherezga zi sumu ndi kutenje pa nyifwa yake.

(3) *1 ŴaTesalonika 4:18.* Viyonthu sangaruskanani ndi mazu yagha.

79. Malo gho utanja kusambapo ndigho patachikukole mung'ona

Konkhosko lake: Titenele kuphwele umoyo widu chifukwa soka liziŵika cha po lakutisaniliya.

Tandauzo lake: Urwani usanilika pa malo po utanja.

Kuzirwa kwa nthanthi iyi: nthanthi iyi yicheŵeska ŵanthu wo umoyo wawo atiwuphwele cha. Ndisambizgo ku *ahurwa* ndi *asungwana,* kuti umoyo wawo anga *wuŵikanga pa muswa cha,* aziŵa kuliwa ndi Satana yo wanyenge taŵanthu ku chita uheni. Ndichenjezgo kuti acheŵenge kwenda kwawo mu malo gho atanja chifukwa mwe urwani.

Mazu ghaku Chiuta gho ghakhozga nthanthi yeniyi:

(1) *1 Samuele 18:10-11.* Kunguti kwacha ndi mlenji mzimu uheni ungumufikiya Sauli kutuliya kwaku Chiuta, ndipo wabwebwetanga mu nyumba yake, po Davidi wambanga kaligu; nge ndimo wachitiyanga mazuŵa ghanyake; Sauli wenga ndi mkondo mu janja lake. Ndipo wangupong'a mkondo, pakuti waghanaghananga, "Ndimukandirizgiyenge Davidi ku chimati." Kweni Davidi wangupozomoka kaŵi.

80. Manda ghawole pa khomo

Konkhosko lake: Manda ndi wowa wo ume mu malisuwa ghakufupi ndi mizi. Kanande ŵanthu ŵaziŵa cha kuti wowa wame pafupi pawo, mwaviyo aziŵa kugona ndi nja, kweni kumulenji azamusaniya *manda* ghavundiya pafupi ndi nyumba yawo.

Tandauzo lake: Urwani uziŵa kubisama pafupi. Munthu watenele kuziŵa kuti vinthu vyose vikozgana cha. Urwani, pamwenga nyifwa titenda navyo.

Kuzirwa kwa nthanthi iyi: nthanthi iyi ndichenjezgo. Nchamampha cha kupima kuti epa titenda-tenda kulivi urwani. Kanande urwani ubisama pafupi pidu. Ŵala-ŵala atiti, *nyifwa titenda nayo.* Mwaviyo nchakuzirwa kuphwele ukongwa umoyo widu. *Ahurwa* ndi *asungwana* lekani kwenda mwija ndi usiku, chifukwa urwani nawo utimurondone. *Po mutanja ndipo mwazamuliwiya! Apharazgi* asambizga kuti tiwenge maso, tendengi ndi Ambuya.

Mazu ghaku Chiuta gho ghakhozga nthanthi yeniyi:

(1) *Ŵerengani Marko 13:32-36.* Apa tisambira chenjezgo lakuti kukhazga ndi kuŵa maso nchinthu chakuzirwa chifukwa zuŵa lo Ambuya aziyengi tiziŵa cha. Mwaviyo titenele kuchenje ndi kukhazga.

(2) *Luka 12:20.* Kweni Chiuta wanguti kwaku iyo, "Wakupusa we, usiku uno wawufumbiyenge mzimu wako; ndipo vyenivyo warongoso, viŵenge vyaku yanu?"

81. Mata gha Mula ghatuwa pasi cha

Konkhosko lake: Chinthu cho wakamba mula chileka cha kufiskika. Mazu gha mula ghatenele kunganyoza cha. Pa Chitonga pe nthanu yakuti, "Mwaka mugonezi wa ŵamupupuka ungubaya ŵala ŵawo wose, kweni mwana munyake wangubisa awiske, ndiwo angutaska Fumu yawo, po yinguzingirizgika ndi chinjoka chikuru mu singo lake. Mula wanguŵasambizga zeru."[10]

Tandauzo lake: Ŵala-ŵala ŵendi zeru.

Kuzirwa kwa nthanthi iyi: nthanthi iyi yisambizga ŵana "Kuvwiya" vyo akamba ŵala. Ndichenjezgo so kwaku wo athamiya zeru zawo, kweni asani ŵe musuzgu atuza ku ŵala kuti aŵawovye. *Apharazgi* achiska ŵanthu ndi nthanthi iyi kuvwiya Chiuta, chifukwa ndiyu *nkhokwe ya zeru.* Mazu ghaku Chiuta gho wakamba ghawe paŵaka cha, mpaka ghafiskika. Chiuta ndi Mula wa ŵala wose mcharo.

Mazu ghaku Chiuta gho ghakhozga nthanthi yeniyi:

(1) Vyo wangukamba Eli ku ŵana ŵake, Hofini ndi Finehasi vingufiskika Muwerenge mazu agha:

 (i) *1 Samuele 2:25.* Asani munthu walakwiya munyake, Chiuta wakamuŵiyanga mwenda-pakati; kweni asani munthu walakwiya Ambuya, kuti ndiyani yo wakamuŵeyeriyanga iyo. Kweni ndipu uli ŵanguvwiya mazu gha auskeu cha; pakuti linguŵa khumbu la Ambuya kuŵabaya.

 (ii) *1 Samuele 4:11.* Bokosi la phanganu laku Chiuta lingukwamphulika; ndipo ŵana ŵaŵi ŵaku Eli, Hofini ndi Finehasi, ŵangubayika.

(2) *Luka 1:37.* Pakuti kwaku Chiuta kuŵengevi nkhani yose yiziranthazi.

82. Matako ghaŵi ghaleka cha ku kwenthana

Konkhosko lake: ŵanthu ŵatenele kusambira kuja pamoza. Vyakuŵeleŵeta kuti vireke limu cha po pe ŵanthu.

Tandauzo lake: Po peŵanthu vyakurongoro kuti vipamba cha, chifukwa zeru nazo zakupambana.

---

10 Nthanu iyi angundinene a Godfrey Chiya Phiri, Oct. 1994, kumuzi kwawo ku Tukombo.

Kuzirwa kwa nthanthi iyi: nthanthi iyi yikambika kaŵi-kaŵi ndi ŵeruzgi ami-
landu mu mabwalo. Ndichenjezgu kwakuwo atiŵapempha kuti agowokiyane
vyo ayambana. Kaŵi-kaŵi vichitika muzinthengwa, kupindana ndiku kweŵeska-
na. Vyaviyo kuti vipambiya limu cha. Chakuzirwa nkhugowokiyana.

Mazu ghaku Chiuta gho ghakhozga nthanthi yeniyi:

(1) **Ŵerengani Chiyambo 13:5-7.** Apa tisambira kuti vyamu mulomo vingubuka
pakati paku Abrahamu ndi muphwa waki Loti, kulimbana za malo. Abra-
hamu wangupima kuti chenga cha zeru kuti muphwa waki Loti wamuleke
malo, kuruska kupindana waka.

(2) **Luka 22:24.** Ndipo so kunguŵa suskanu mwaku wo, yakuti, njani waku wo
wawoneka kuŵa mraku.

(3) **Ŵerengani Machitidu gha Ŵakutumika 15:39-40.** Pangubuka mphindano
pakati paku Paulo ndi Barnaba pakulembe kuti ato Marko pa ulendo wawo.
Paulo wangukana sachizgu ili mwaviyo angupambana. Barnaba wangwenda
ndi Marko, Paulo wangwenda ndi Sila.

83. Maungu tikumwa, matali tikurya! Kwajanji so?

Konkhosko lake: Ili ndirombo kuwonga wezi waku Chiuta pakupereka *vipasi*
ndi *wowa* kuti ŵanthu ŵaryenge pa vuwa zakwamba. Ndi chirongorelo kuti
Chiuta wapereka vuwa zamampha.

Tandauzo lake: Ndi viwongo kwaku Chiuta, kuti watisunga pakutifikiska ku
vuwa zifya, *kuti tirye vyantheta*: vipasi ndi wowa.

Kuzirwa kwa nthanthi iyi: nthanthi iyi ndi pemphero pa visopo vyo aperekanga
auskekulufwe kali, kwaku Chiuta - *Mlera-ŵaranda, Mpaski, Msungi* ndi *Mle-
nga-vuwa (Nyangoyi)* - kumuwonga chifukwa cha wezi ndi lisungu lake paku-
tuma vuwa kuŵanthu ŵake. Ŵaliska ndi ŵapharazgi asambizga ŵanthu kumu-
wonga Chiuta mu mapemphero pakutipaska vuwa. Titenele kurongo viwongo
vidu pakupereka vyakurya/vuna ndi ndrama.

Mazu ghaku Chiuta gho ghakhozga nthanthi yeniyi:

(1) **Marangu 26:5-10.** "Ndipo mukamukanga paurongo pa Ambuya Chiuta wi-
nu, kuti, 'MuAramu wakuyingayinga ŵenga ada; ndipo iyo wangusikiya ku
Egipiti ndi wangugonera mwenimuwa, ndi mbumba yake yimanavi; ndipo
muwa wangukuwa kuŵa mtundu ukuru, wakurimba, ndi wakwandana. Ndi-
po ŵaEgipiti ŵangutichitiya nkhaza. ŵangutisuzga, ndipo wangutinyekezga

uŵanda uzitu. Sono tinguliriya ku Ambuya Chiuta wa auskefwe, ndipo Ambuya anguvwa mazu ghidu, ndi anguwona kusuzgika kwidu ndi kutakataka kwidu, ndi suzgu lidu. Sono Ambuya angutituzga mu Egipiti ndi janja lakutambaruka, ndi chofyu chikuru, ndi visimikizgu ndi vyakuziziswa. ŵangutitole mumalo yagha ndi ŵangutipaska charu ichi, charu chakutawala mkaka ndi uchi. Ndipo ehe, sono ndituza ndi vipasi vyakudanga vya mu munda wo imwe Ambuya mwandipaska.' Ndipo mukaviŵikanga pasi paurongo pa Ambuya Chiuta winu."

Apa tisambira *chivwanu* cha ŵa Yisraele pakuwonga Chiuta wawo ndi sembe zakuperekange ndi vuna yifya.

(2) *Chiyambo 1:29.* Ndipo Chiuta wanguti, "Awonani ndakupaskani mbeu yose yakupasa chipasi, yo ye pacharu chose cha pasi, ndi muti we wose wakuŵa ndi nje mu chipasi chake vikaŵanga kurgha kwinu."

84. Mawonekedu ghanyenga

Konkhosko lake: Munthu pakukhumba chinthu watenele kurondo kutowa cha, kweni kukho (kulama) kwachinthu. Munthu waziŵa kutowa limu mu mawonekedu, penipo ndi mlesi.

Tandauzo lake: Kutowa nkhanthu cha, kweni kukho, pamwenga kukoma pakugwira nchitu.

Kuzirwa kwa nthanthi iyi: nthanthi iyi yikambika nge ndichenjezgo ku *ahurwa* ndi *asungwana* kuti pakusankha yo atoranenge nayo nthengwa, ateskengi mwazeru, chifukwa *mawonekedu gha munthu ghapusiska*. Kwenge pakusankha chinthu mu sitolo kulondo kutowa pe cha, kweni kukho kwa chinthu. *Akutaula* mazu ghaku Chiuta, acheŵeska aKhristu kuti anganyengekanga ndi vinthu vyo viwoneka nge vyakunozga ku umoyo wamunthu, kweni mwe urwani ndi nyifwa.

Mazu ghaku Chiuta gho ghakhozga nthanthi yeniyi:

(1) *Mateyu 7:13-14.* "Sereni mu likomo lalifyakafyaka: chifukwa ndikuru likomo, ndipo njisani nthowa, yakurongozge ku wanangiku, ndipo mbanandi ŵakusere mwaku lo. Chifukwa ndalifyakafyaka likomo, ndipo njifinyi nthowa, yakurongozge ku umoyo, ndipo mbamanavi ŵakulibowozga."

85. Mazu gha ŵala ghawe paŵaka cha

Konkhosko lake: A Tonga aziŵana kuti mwakuiwo alimo azeru zakuruska anyawo. Aviyo zeru zawo zitovya kukuzga unthu wamunthu. Nchamampha kuchezga kaŵi-kaŵi ndi *nkhwantha* za viyo.

Tandauzo lake: Cho mula wakamba chiwe paŵaka cha, chitachifiskika kunthazi; chingana ŵana ŵanyoza mazu gha ŵala.

Kuzirwa kwa nthanthi iyi: nthanthi iyi yikambika ndiŵala asani ŵana ŵaleka kuvwiya. Ndi chenjezgo ku ŵana kuti enga andachite cho akhumba kuchita, atenele kufumba danga mula kuti waŵarongo nthowa. Nyengu zinyake ŵakweruzga mlando ŵakamba nthanthi yeniyi nge nkhusambizga uteki wa ŵanthu. Kuti cho chingukambika ndi mula kali, sonu chafiskika. Apharazi acheweska ŵanthu kuti mazu ghaku Chiuta ghawe pawaka cha.

Mazu ghaku Chiuta gho ghakhozga nthanthi yeniyi:

(1) **Ŵerengani 1 Samuele 2:22-25; 4:10-11**: ŵana ŵaku Eli, Hofini ndi Finehasi, pakuleka kuvwiya auskewo, ŵana angwachimara ku nkhondo.

(2) **Ŵerengani Yesaya 8:16-18**: kaŵi-kaŵi Yesaya waŵaneniyanga ŵana ŵa Yisraele kuti avwiye Chiuta wawo, Kweni pakuleka kuvwiya, Chiuta wanguŵalanga.

(3) **Yesaya 36:1-2.** Mu chirimika cha chumi ndi vinayi cha karonga Hezekiya, Senakaribu karonga ŵa Asiriya wanguza kuzachilimbana ndi mizi yose ya malinga yaku Yuda ndi wanguyito. Ndipo karonga wa Asiriya wangutuma mathenga kutuliya kwaku Lakishi ku karonga Hezekiya pa Yerusalemu, pamoza ndi liŵanja la nkhondo. Ndipo wanguma pafupi ndi ngalande ya thaŵali la panena pa nthowa yakuya ku munda wa ŵakuchapa.

(4) **Ŵerengani Marko 13:1-23.** Yesu wanguchenjezga asambizi ŵake kuti Yerusalemu wazamubwanganduka, chifukwa cha mkwiyo waku Chiuta. Ndipo nade uchimi waki ungufiskika pa nyengo yo Pompe, mula wankhondo ya ŵaRoma wangupunda Yerusalemu yose mu 70 AD. Kwamba nyengo yo ŵaYuda ŵenga pasi pa muwusu wa ŵaRoma.

86. Mazu gha ŵala ghayanana ndi sabora wakali, mweniyo waŵaŵa cha

Konkhosko lake: Ŵanthu atenele kuvwiya chenjezgo la ŵala.

Tandauzo lake: Mazu ghavinjeru ghapozga maghanoghano ghakuparyanika, mwaviyo chamampha cha, kufunya vyo akamba *ŵala-ŵala*, gho ndi mazu ghakunkhozga ndigha urongozgi wa zeru.

Kuzirwa kwa nthanthi iyi: nthanthi iyi yipong'eka nge ndichenjezgo ku *ahurwa* ndi *asungwana* wo ajumpha chichinyiya cha mazu gha ŵala.

Mazu ghaku Chiuta gho ghakhozga nthanthi yeniyi:

(1) **Nthanthi 7:1.** Wa mwana wangu, sunganga mazu ghangu, ndi uŵike mbiku marangu ghangu mwako.

(2) **Nthanthi 5:1-2.** Wa mwana wangu, utegherezge ku zeru zangu, ŵika gutu lako ku kuwamo kwangu; alinga kuti usungenge maghanaghanu gha zeru, ndi milomo yako yivikiriyenge chinjeru.

87. Mazua nganande, weya wang'ombe ngumana

Konkhosko lake: Nchamampha kugowokiyana asani mwa ŵanthu mwayambana, chifukwa yazamuŵapo nyengo yo mwa mukumana kunyaki, mwamukhumba kovyana. Palivi munthuyo wangaŵerenga weya wang'ombe. Kweni mazua gharuska mbwenu unandi waki.

Tandauzo lake: Kugongoweskana, pamwenga kukwiyiskana, kuti nkhwamanpha cha. Kusunga kukhose ukali nchiheni, chifukwa munyako yo wayambana nayo, wakukovya asani suzgu yakuwiya.

Kuzirwa kwa nthanthi iyi: nthanthi iyi yisambizga "Chigowoke." Asani ŵanthu ayambana nchamampha kugowokiyana, chifukwa *phuzu ku phuzu* nchiheni. Nyengo yinyake mwamukumana kukhumba kovyana. *Apharazgi* atitisambizga kugowokiyana, chifukwa ifwe tose Chiuta watitigowoke ma uheni ghidu gho ghakwiyiska Chiuta.

Mazu ghaku Chiuta gho ghakhozga nthanthi yeniyi:

(1) **Mateyu 5:23-24.** Wangumuŵeyere ukongwa, wakuti, "Kana kasungwana kangu kaziririka ke pafupi kufwa, zani, muzichiŵika pake manja ghinu, alinga wachizgiki waŵe ndi umoyo." Ndipo Yesu wanguruta pamoza nayo. Ndipo mzinda ukuru wamrondonga; ndi wamfinyirizganga.

(2) **WaGalatia 6:1.** Mwa ŵabali, asani munthu wakoreka mu ubudi wakuti e, imwe mwaŵamzimu munyoroskeni waviyo mu mizimu wa upovu, pakujithoŵa wamweni, vinu nawe so ungeseka.

88. Mazuŵa ghasintha

Konkhosko lake: Ta ŵanthu titenele kusambira kujaliyana. Kuja chakichaki cha.

Tandauzo lake: Wa munthu nyengo zinyake usuzgika, nyengo zinyake utuŵa pamampha. *Apharazgi* acheweska ŵanthu ndi zua lifinyi la Mbuya lo likazanga.

Kuzirwa kwa nthanthi iyi: nthanthi iyi yichiska ŵanthu wo aleka kovya anyawo asani iwo ŵe pamampha. Taŵanthu titachiruwa kuti nyengo yizengi yo nasi taza-mukhumba chovyo ku anyidu. Mu mizi yidu mwe ŵakavu, ŵakupunduka ndi wose ŵaviyo. Titenele kuŵawovya asani ise te pamampha.

Mazu ghaku Chiuta gho ghakhozga nthanthi yeniyi:

(1) **Nthanthi 27:1.** Reka kujikuzgiya la mawa, pakuti uziŵa cha mwenimo likaŵi-yanga.

(2) **Ŵerengani Yesaya 4:2-6.** Yerusalemu wazamukuŵa msumba wa mlele nye-ngo zo zikazanga.

(3) **Ŵerengani Amosi 5:16-20.** Amosi wanguchima kuti "Zua la Ambuya" lika-zanga ndipu liŵengi lakofya ukongwa. Paza muŵavi pa kuthaŵiya.

(i) **Amosi 9:11.** "Mu zuŵa lo ndamuyuska msasa waku Davidi wo ukuwa ndi kulongoso madangazi ghake; ndi kuyuska vyakubwanganduka vyake, kuwu-zenga so nge ndi mu mazuŵa ghakali."

(ii) **Ŵerengani so Yesaya 3:1-6.** Yesaya wakamba vikuru ndi masuzgo gho ghaza-muŵako kunthazi po msumba wa Yerusalemu wazamutoreka, ndiku-wusika ndi mitundu yinyake.

89. Mbaŵa kume masengwe nkhuŵambala lisitu

Konkhosko lake: Asani munthu wakhumba kuti umoyo wake uŵi utali watenele kujiphwele ukongwa ndi umoyo waki. A Tonga, nthowa yinyake yakubayiya nyama akumba *mbuna* ndikuzenga lisitu. Nyama yo yitenda mumphepete pe njazeru chifukwa yingawa cha mu mbuna.

Tandauzo lake: Ŵanthu wo akhumba kuti aje mazua ghanande mucharo ajowo maluso gho ghangaŵatole luŵi kunyifwa.

Kuzirwa kwa nthanthi iyi: nthanthi iyi ndichenjezgo ku *asungwana* ndi *ahu-rwa* kuti asani muleka kwenda ndi zeru mutayengi luŵi umoyo wino. Mwa ŵana a sukulu muleki kuseleliyamu mu malusu ghaheni gho achita anyino vinu gha-ngamutayani musuzgu. *Maguru ghaheni ghananga jalido lamampha.* Ncha-mampha kuŵambala uheni.

Mazu ghaku Chiuta gho ghakhozga nthanthi yeniyi:

(1) **Nthanthi 9:11.** Pakuti mwaku ine mazuŵa ghako ghakandananga, ndipo viri-mika vikasazgikiyangako ku umoyo wako.

(2) **Nthanthi 10:27.** Kopa Ambuya kutandaniska umoyo, kweni vilimika vya wamphurupuru vikaŵanga vifupi.

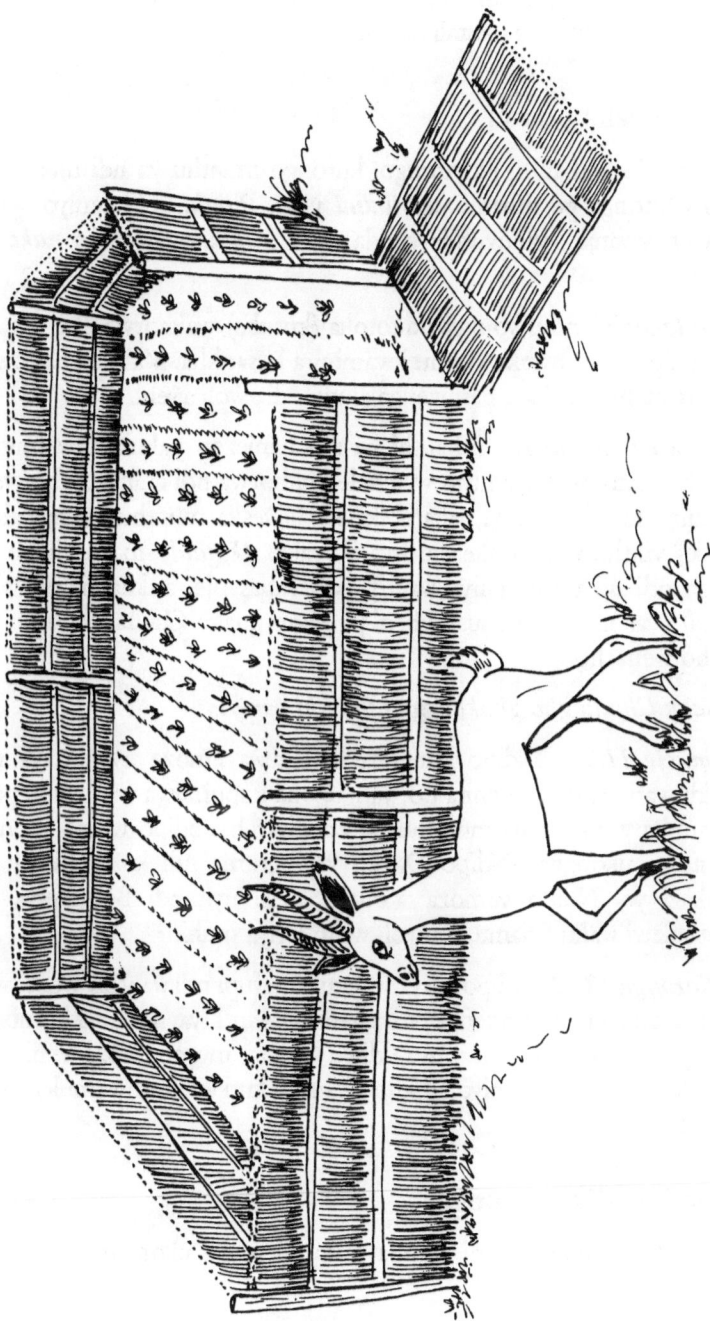

Nthanthi 89:   Mbaŵa kume masengwe nkhuŵambala lisitu

(3) **Nthanthi 22:5.** Minga ndi viŵana vyemu nthowa ya ŵakupuruska; mweniyo watijiphwele wakajanga kutali nawo.

90. Mbunu yaku pundu

Konkhosko lake: nthanthi iyi yirongo, kurongo munthu yo ndi mususi (waku-suka). Pa Chitonga pe nthanu ya *Mbunu yaku Pundu.*[11] Mweniyo wangufwa chifukwa chakwanja vyakuvunda-vunda. *Uku vingunowa! Uku nako vingu-nowa!*

Tandauzo lake: Munthu yo ngwakutotoka (kusuka) wakhorwa cha ndi chinthu chimoza, ndipu wato bweka vinthu kwambura kusankha. Mahuli ghaphwele cha pakusankha mabwezi ghau, pamwenga alumi ndi awoli aŵeni.

Kuzirwa kwa nthanthi iyi: nthanthi iyi ndichenjezgo pakukamba munthu yo ngwakusuka (kutotoka). Munthu watenele kukhorwa ndi chinthu cho wenacho. Nyengo zinyake nthanthi iyi, yikambika kucheŵeska munthu yo ngwakubinira (ngwasanje) vinthu vya anyake, kuti viŵe vyake. *Akutaula* mazu ghaku Chiuta, achenjezga ndi nthanthi yeniyi, ŵanthu wo mbasanje, ankharyi, ndi akupoka (kuphanga) vyaŵeni, kuti ndilusu liheni pa maso ghaku Chiuta. Munthu wakho-rwe ndicho wenacho.

Mazu ghaku Chiuta gho ghakhozga nthanthi yeniyi:

(1) **2 Samuele 11:2-3.** Ndipo kunguŵa kuti zuŵa limoza nyengo ya mazulo, Davidi wati wasoka pa chita po wangugona kupumuwa wachenda pa bagha la nyumba wanguwona munthukazi wachisamba; ndipo wenga munthukazi wakutowa ukongwa. Ndipo Davidi wangutuma ndi kufumbiriya za mu-nthukazi yo. Ndipo yumoza wanguti, "Asi uyu ndi Betesheba, mwana munthukazi waku Eliamu, muwoli waku Uriya muhiti?"

(2) **1 ŴaKaronga 18:21.** Ndipo Eliya wanguza pafupi ndi ŵanthu wose, wanguti, "mpaka zuŵanji mwendenge wakuganthiyaganthiya ndi makhumbo ghaŵi ghakupambana? Asani Ambuya ndiwo Chiuta, murondoni, kweni asani ndi Bala, iku rondoni mweniyo." Ndipo ŵanthu kuti ŵangumwamuka nanga ndi mazu cha.

91. Mlamba ndiyo watunga

Konkhosko lake: Mlamba ndi somba yaku telemuka ukongwa asani wayikole

---

11 F.K. Chirwa, *Nthanu za Chitonga*, pp. 33-36.

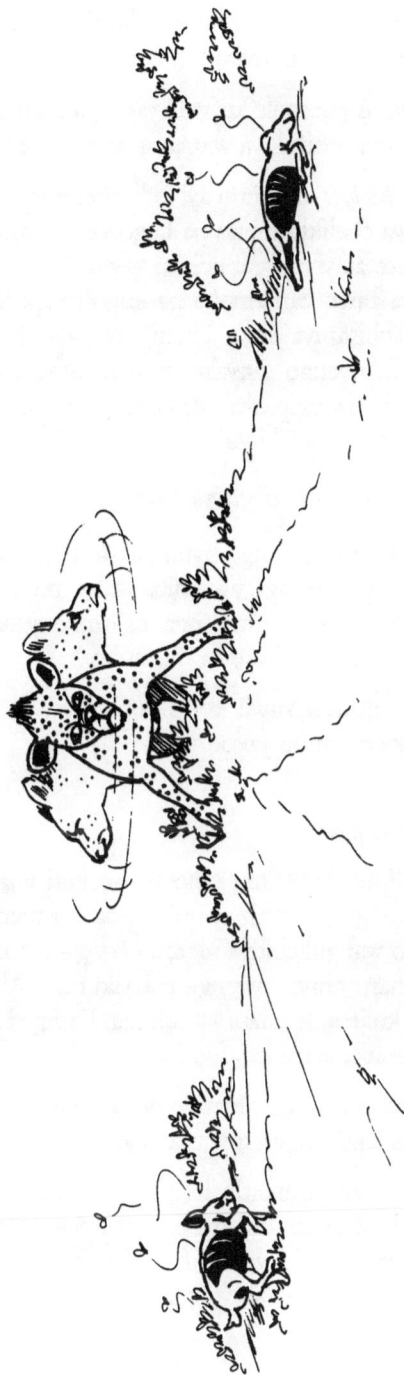

Nthanthi 90:   Mbunu yaku pundu

saza. Unga gomezganga kuti nchipusu cha kuyiko asani ye pa maji. Nchama-mpha ku koleska yo wenayo mu manja.

Tandauzo lake: Munthu watenele kufwililiyapo pa mlimo wo wapaskika kwa ku yiyo. Ku wukole saza cha, chifukwa wamampha wo upenja uwusaniyengi cha.

Kuzirwa kwa nthanthi iyi: nthanthi iyi ndi chenjezgo kuŵanthu wo asiya zi-nchitu zawo, chifukwa chalikhumbira pa kugomezga kuti amusele nchitu zama-mpha. Nyengo zinyake atayiyi limu nchitu zawo. Nyengo za sono ŵanthu ana-nde ataya zinthengwa zawo zamampha pa kugomezga kuti amuto munthukazi munyake. Kweni atachisaniya soka liheni, panyake kuto so matenda ghaka *Wondewonde* (AIDS), nyengo zinyake kumara nthengwa zawo. Munthu wa-khorwe ndicho Chiuta wamupaska. *Apharazgi* achiska tawanthu kuti tima-matiye paku Yesu, pamwenga Chiuta.

Mazu ghaku Chiuta gho ghakhozga nthanthi yeniyi:

(1) *Chituwa 20:17.* "Ungaŵiniwanga nyumba ya munyako; ungaŵiniwanga mu-woli wa munyako; pamwenga wanchitu wake munthurumi, pamwenga wa-nchitu wake munthukazi, pamwenga ng'ombe yake, pamwenga mbunda yake, pamwenga kanthu ke kose ka munyako."

(2) *Chivumbuzi 3:11.* nthuza ruwi: koreska cho we nacho, alinga kuti paŵevi yumoza wakupoka ndumbu yako.

92. Mlendo ndi dungwi

Konkhosko lake: Viripu vinthu mu umoyo vyo kuti vijaliliya cha. Pa Chitonga pe nthanu mu *Mcapu* yo yisambizga umampha wa ulemu pa kulonde alendo. Pa ŵahurwa ŵatatu yo wangulichitiya ulemu *khongwe* wanguronde vyakurya ndi vitumbiko, po mu charu chiya mwenga nja yikuru.[12] Ahurwa wo angulichitiya chipongo, ndikuleka kulironde angufwa ndi nja. Dungwi ndi chiyerezgelo chifu-kwa liswela cha kukamuka asani kwafunda.

Tandauzo lake: Mlendo nyengo zinande nchawanangwa ndipu waja kanyengo kamanavi. Mwaviyo mlendo ngwakusuzga cha.

Kuzirwa kwa nthanthi iyi: nthanthi iyi yichiska ŵanthu kuti kuronde mlendo nchamampha. Kweni tiziŵe so kuti nyengo zale ŵanyake mba kuba pamwenga mba kubaya. Mwaviyo mlendo yo tironde timupaske ulemu, asani ngwakuzi-ŵika, chifukwa ngwakuja nase kanyengo kamanavi. Nyengo zinyake mlendo

---

12   "Khongwe ndi Mhurwa", *Mcapu wa Chitonga*, pp. 15-16.

wapinga uthenga wamampha. Yesu ndi mlendo wakuzirwa mu nyumba zidu. Titenele kumronde nyengo zose.

Mazu ghaku Chiuta gho ghakhozga nthanthi yeniyi:

(1) **Ŵerengani Chiyambo 18:2-15.** Tisambira apa kuti Abrahamu ndi Sara anguronde vitumbiko pa kuronde alendo atatu ŵa. Anguza ndi uthenga wamampha kuti Sara waŵengi ndi mwana munthurumi.

(2) **Ŵerengani Chiyambo 19:12-13.** Ŵalendo ŵati ŵafika ku Sodomu ndi Gomora, Loti nayo wanguŵaronde umampha. Ŵalendo angumunene chisisi chaku Chiuta pa misumba yiya. Muchifukwa ichi Loti ndi mbumba yake angutaskika, po Chiuta wangupong'a moto mu Sodomu ndi Gomora.

93. Mlendo ndiyo wabaya njoka

Konkhosko lake: Pa Chitonga pe nthanu yaku *Kalulu ndi Nyalubwe.* Po *mphara* yingutondeka kweruzga mlando, *Kalulu* wangubulika kutuwa ku dondo. Amphara angumufumba kuti weruzgi mlando. *Kalulu* wangweruzgadi mlandu mwavinjeru ndi kwambura sanji. Apa tiona kuti *mlendo ndiyo wendi kamlomo kakuthwa.*

Tandauzo lake: Mlendo waziŵa kuthoŵa kanthu mwa vinjeru ko panyaki kangatonda ŵeneku ŵa muzi.

Kuzirwa kwa nthanthi iyi: nthanthi iyi yikambika pakufumba mlendo kuti wawovye unonono wo ulipo. Yichenjezga mwa ŵana kuti mungachitanga nkhaza cha ndi mlendo, chifukwa asani mwe pasuzgu, waziŵa kumuŵikani pa *usenguli*, paku movyane kusuzgu yinu. *Apharazi* atiti tichitiye ulemu alendo. Kweni wawi mlendo wakuziwika, wankhaza cha. Kweni so atiti tironde Yesu mu mitima yidu.

Mazu ghaku Chiuta gho ghakhozga nthanthi yeniyi:

(1) **Ŵerengani 1 ŴaKaronga 17:8-15.** Tisambira kuti Eliya wangovya *choko* chaku Zarefata. Kwenga nja yakofya, kweni choko chinguchita wesi ku mlendo, pakupereka kakurya kake kose ko kangujako. Iyo watinge wataya, kweni ku mazulo wangulingizga mu *chimphuli* chake, wanguwona kuti ufwa wazazamu so.

(2) **Yoswa 6:22-23.** Sono Yoswa wangunena ndi ŵanthu ŵaŵi ŵa ŵangutumika kuskola charu, "Rutani mu nyumba ya mureŵi yo, mutuzgeni munthukazi ndi ŵake wose, nge ndimo mungumurapiya." Viyo ŵanyamata wo ŵenga skoli ŵangusere, ŵangumutuzga Rahabi, awiske, ndi anyina, ndi ŵazichi ŵake

ndi ŵake wose; ŵangutuzga ŵabali ŵake wose, ndipo ŵanguŵamika kubwalo ku ugoŵi wa ŵaYisraele.

94. Moto walimbuni utocha lisuwa likuru

Konkhosko lake: Titenele kucheŵa ndi tunthu tumana-tumana chifukwa tuziŵa kubuka kuŵa tukuru.

Tandauzo lake: Tunthu tumana-tumana tuziŵa kupereka wanangiku ukuru ku ŵanthu.

Kuzirwa kwa nthanthi iyi: nthanthi iyi ndichenjezgo kwakuwo asosombeka anyawo, chifukwa nkharo yaviyo yiziŵa kwambiska vivulupi ndi kusweka muzi. Wo ŵe panthengwa atenele kuzizipizga asani pakati pawo pabuka tumakani. Nchamampha cha kutuwa nagho luŵi makani kubwalo, kwambura kuteska danga unonono ndi upusu waki. Nthengwa zinandi zimara chifukwa chakuleka kujiko ndi kuzizipizga. Suzgu ya pavuli yituŵa yikuru asani pe ŵana.

Mazu ghaku Chiuta gho ghakhozga nthanthi yeniyi:

Ŵerengani Yakobe 3:3-10. Apa tisambira kuti tunthu tumana-tumana tuziŵa kuŵa ndi nthazi zakuchita vinthu vikuru:

(1) Vitinthiru vimána limu, kweni asani tiŵika mu milomo ya ŵakavalo vitovya kuti ativwengi tichipetuwa liŵavu lawo. Kweni kavalo nchinyama chikuru ukongwa.

(2) Ngaraŵa nazo chingana zikuru ukongwa kweni zipetulika ndi sigiru yimanavi, nanga mphepo zingaputa ndi nthazi.

(3) Lilime nalo nkhachiŵalo kamanavi limu mu munthu, kweni lijithamiya ukongwa.

(4) Moto umanavi nawo utocha lisuwa likuru!

95. Mtiti ungamugolore cha pa mazila ghake

Konkhosko lake: Mtiti nkhayuni kamana ukongwa mu viyuni vyose vyo Chiuta wakulenga. Kweni asani chirwani chaza kufupi ndi mazila ghake, wakalipa ukongwa. Viyuni vikuru vitopa kuya kufupi ndi chizimbu chake.

Tandauzo lake: Munthu watenele kupaskika ulemu ndimo walili, manyi ndi mumana pamwenga mula, kaya walivi masambiro; pamwenga ndi mtundu unyake; kaya ndi mkavu wakutinji, kaya ndi munthukazi pamwenga munthurume watenele kupaskika ulemu waki.

Nthanthi 94: Moto walimbuni ndiwo utocha lisuwa likuru

Kuzirwa kwa nthanthi iyi: nthanthi iyi ndichenjezgo ku munthu yo wanyoza wo ŵepasi paki, chifukwa iyo we pamalo ghapachanya. Yichenjezga so ŵanthu wo akwamphuwa vya anyawo, pa mtufu wo apaskika. Nanga mbana amunyumba yimoza atenele kupaskana ulemu. Chiuta titenele kumugolore cha chingana kuti wawoneka ndi masu shidu cha.

Mazu ghaku Chiuta gho ghakhozga nthanthi yeniyi:

(1) *Amosi 3:10.* "Kuti ŵaziŵa cha kuchita urunji," atiti Ambuya, "wo ŵalonga vivurupi ndi kuphanga mu malinga ghawo."

(2) *1 ŴaKorinte 1:27.* Kweni Chiuta wasankha vyakupusa vya charu, alinga kuti waŵalengeske ŵazeru; ndi vyakutomboroka vya charu wasankha Chiuta, alinga walengeske vyanthazi.

(3) *Ŵerengani 2 Samuele 12:1-15.* Tisambira kuti Davidi Karonga wa Yisraele wangususkika ndi mchimi Natani Chifukwa chakuyuyuwa Uriya, ndikumubaya mwakuti wato muoli waki, Betesheba. Nanga uŵi ndi mazaza pamwenga usambazi unandi, nkhunanga ukongwa kuphanga muoli wamweni, pamwenga mlumi wamweni, pamwenga vyuma vyake.

96. Mu moyo ndi mu sitolo

Konkhosko lake: Sitolo yisunga vinthu vyaku pambana-pambana. Ndichimozimozi kuti ŵana wo ŵapapika ndi mupapi yumoza asiyana jalido, ndi kawonekedu kawu.

Tandauzo lake: Ŵana wo ŵawa mu nyumba yimoza mpaka apambane mnkharo, mzeru ndi kawonekedu. Anyake atuŵa ŵanthu amagomezgeka, anyake azeleza ndi akusuzga.

Kuzirwa kwa nthanthi iyi: nthanthi iyi yichenjezga ŵanthu wo anyoza nyumba za anyao kuti ŵana wawo mbazeleza, penipo panyaki njumoza pe yo walivi nkharo. Mwaviyo nchamampha cha kuwayulana. Ŵana ŵamunthu yumoza ŵaziŵa kupambana munkharo ndi zeru.

Mazu ghaku Chiuta gho ghakhozga nthanthi yeniyi:

(1) *Ŵerengani 1 Samuele 16:6-13.* Tisambira kuti ŵana anayi aku Jese: Eliabu, Abinadabu, Shama ndi Davidi, nkharu yawo yenga yimoza cha, nanga uskeu wenga yumoza. Chiuta wanguwona msinkhu, pamwenga nthazi cha. Kweni wanguwona kuziza mwaku Davidi kuti ndiyo wangaŵa Fumu ya ŵa Yisraele.

(3) *Ŵerengani Marko 14:45-46*. Njumoza wa ŵa khumi ndi ŵaŵi wa asambiri aku Yesu yo wangumukombo. Kuti wose ŵenga aheni cha.

(3) *Chiyambo 25:27*. "Ŵanguti ŵakuwa ŵahurwa yaŵa, Esau wenga chiŵinda chakuziŵa kubaya nyama, munthu wamu dondo; kweni Yakobe wenga wakuzika phe, wajanga mu mahema." Apa tiona kupambana nkharu mu ŵana amunthu yumoza.

97. Mukucha nkhazunguliyanga chulu

Konkhosko lake: Alipo a Tonga anyaki wo agomezga kuti *chiŵanda (thupi)* la munthu lisambuka chulu (chiduli). Muunda wo ngudala usambuka chulu.

Tandauzo lake: Munthu yo wafwa wachita nge kuti wazunguliya kuchiri kunyake ko kuti wawoneka so cha.

Kuzirwa kwa nthanthi iyi: Ndisambizgo kuŵana, kuti nyifwa yenge munthu yo wachitange watuwapo kanyengo kamanavi waka, kweni kuti mumuwonenge so cha.

Mazu ghaku Chiuta gho ghakhozga nthanthi yeniyi:

(1) *Yohane 16:16*. "Kanyengo kamanavi kuti mundiwonenge so cha; ndipo so pavuli pa kanyengo kamanavi ndipo mwazamkundiwona."

(2) *Luka 9:44*. "Imwe mujiŵikiye mu makutu ghinu mazu yagha; chifukwa Mwana wa munthu wakhasa kuperekeka mu manja gha ŵanthu."

98. Munthenkhu waryiya pa chipando

Konkhosko lake: "Munthenkhu" nkhayuni kafipa ka kuchenje ukongwa. Asani kako chizimu katachibota pa chimiti ndikuryiya penipo. Kayuni aka katijipaska ulemu ukuru pakurya vinthu.

Tandauzo lake: Munthu watenele kujipaska yija ulemu, enga andamupaske anyake.

Kuzirwa kwa nthanthi iyi: nthanthi iyi yisambizga *Ahurwa* ndi *Asungwana*, kukuwa ndi nkharo yamampha ndi kupereka ulemu ku ŵala. Tingayeruzgiyapo, kuti ndi nkharo yamampha cha kurya epa titenda, pamwenga kuryiya wima, asani palipo pakuja.

Mazu ghaku Chiuta gho ghakhozga nthanthi yeniyi:

(1) *Luka 9:58*. Ndipo Yesu wanguti kwake, "Akambwe ŵe nazo mphanji, ndipo

Nthanthi 98:   **Munthenkhu wariya pa chipando**

tuyuni twa kuchanya vivimbu; kweni mwana wa munthu walive pakusamira mutu."

(2) *1 ŴaKorinte 11:34.* Ndipo asani yumoza watufwa msara, warghe kwake ku nyumba, alinga kuti mureke kuwungirana ku chisusa. Ndipo vyo vya jako ndazamurongoro po ndiziyenge.

(3) *Mateyu 6:18.* Alinga kuti ungaŵoneka cha ku ŵanthu kuti ufunga, kweni ku ausu wo ŵemu udesi: ndipo Ausu ŵatikuwona mu udeki, ŵakuwerezgiye-ngepo.

99. Munthu wambura kuvwa wabuchira mbavi ye mu mutu waki

Konkhosko lake: Munthu wazeru watenele kuvwiya marango kwambura kuchi-chizgika.

Tandauzo lake: Nchamampha kuvwiya marango ndi kugharondo mwakuti waleki kuŵa musuzgu.

Kuzirwa kwa nthanthi iyi: nthanthi iyi ndichenjezgo ku ŵana wo mbachikana malango, kuti aleki maluso ghaheni. Kuvwiya nkhwamampha.

Mazu ghaku Chiuta gho ghakhozga nthanthi yeniyi:

(1) *Mateyu 8:12.* Kweni ŵana ŵa ufumu ŵapong'ekenge ku mdima wakubwaro: kweniko kuŵenge chitenje ndi mukukùtu wa minyu.

(2) *ŴaHebere 2:2.* Chifukwa asani mazu gho ghangukambika ndi ŵangelo gha-nguŵa ghakukho, ndipo ubudi wose ndi mtafu unguronde chilambula mphotu chakurunjika.

100. Munthu wamtimba-kuŵi

Konkhosko lake: Munthu yo wakuti *uku-vyanowa, uku-vyanowa.* Ndimunthu yo ndi *mwenda-nato.* Wato boza kutuwa kumunyake kwachinene so munthu munyake. Pavuli pake kuŵakhuŵizga. Munthu yo titmuda kuti, *chiyuni songa-ng'a.*

Tandauzo lake: Munthu waboza/kanthyali.

Kuzirwa kwa nthanthi iyi: nthanthi iyi yikambika kucheŵeska ŵanthu kuti anga-fwasanga cha ndi munthu yo ndi mtesi, waziŵa kukuŵika mu urwani. Ndisa-mbizgo ku *asungwana* ndi *ahurwa* kucheŵa ndi ŵanthu wo kuti nkharu yawo atiŵaziŵa cha. Angawoneka nge mbakuziza kweni mu mutima mbarwani, ndipu makhumbu ghawo ngaheni.

Mazu ghaku Chiuta gho ghakhozga nthanthi yeniyi:

(1) **Sumu 12:2.** Munthu yose wakamba utesi ku mwanasi wake; ndi milomo yauteremusi, ndi mtima wa paŵi mtimbakuŵi wakamba.

(2) **Marko 14:10.** Ndipo Yuda mkeriote, yumoza wa chumi ndi waŵi, wanguruta ku ŵazukuru ŵara, alinga wampachiriye kwaku wo.

(3) *1 Timote 3:8.* Kwakulingana nako ŵateŵeti ŵakaŵanga ŵakongorekwa, ŵa malilime ghaŵi cha, ŵakumwa vinyo cha, ŵanduzi-vyasoni cha.

(4) **Yakobe 1:8.** Ndi munthu wa mtima wapaŵi, wakusaŵasaŵa mu mendedu ghake ghose.

101. Munthukazi wakuja pa khonde watuba vyaŵeni, po anyaki alima yiyu cha

Konkhosko lake: Kuŵa ndi umoyo wamampha nkhujigwiriya nchitu ndi phamphu/linthata. *Kakuza kija kasikuwa.* Ungarya vyamampha cha asani ureka kugwira nchitu.

Tandauzo lake: ŵanthu ŵagwira zinchito mwakuti ajengi ndi umoyo wamampha.

Kuzirwa kwa nthanthi iyi: nthanthi iyi yichenjezga wo mba zinyumba zawo. Kuti nthengwa yizirwe ndi yachikhazi, mose panyumba muŵi akukoma, kujiliska mwija ndi kujivwalika, kwambura kupempheska ku ŵanthu, pamwenga kuba vyaŵene. Nthanthi iyi yichiska mulesi yose kugwira nchito ndi phamphu/linthata. Phamphu ndamampha.

Mazu ghaku Chiuta gho ghakhozga nthanthi yeniyi:

(1) *Nthanthi 12:24.* Janja la wakutakataka likausanga, penipo mukata wakaŵikikanga ku nchitu yakuchichizgika.

(2) *Nthanthi 12:27.* Munthu mukata/mulesi kuti wakayikonga cha nyama yake, kweni munthu wakutakataka yo wakalondanga chuma chakuzirwa.

(2) *Nthanthi 15:19.* Nthowa ya mukata/mulesi yiŵinda ndi minga, kweni gurwi wa ŵakunyoroka ngwachiŵande.

(4) *Nthanthi 18:9.* Mweniyo ngwakudembeleka mu nchitu yake ndi mwana munyake waku yo waparghang'a.

(5) *Nthanthi 19:15.* Ukata utaya mutulo tuzitu, ndipo munthu mulesi wakakomwanga ndi nja.

(6) *Nthanthi 22:13*. Mukata watiti, "Kwe nkharamu kubwalo! ndikabayikanga mu mseu!"

102. Mutu dulika-dulika

Konkhosko lake: Munthu yo we pasuzgu, ndikupenja-penja chovyo, apa ndi apa. Ndi mazu ghaku-kuluŵika.

Tandauzo lake: Munthu yo wapenja anyake kumovya; kweni nanga angamovya, ndi mtayisi; nyengo yinyake wakhumba so chovyo chaviyo.

Kuzirwa kwa nthanthi iyi: nthanthi iyi yikambika nge nkhunena, pamwenga kuseka munthu yo mutimovya kweni wakhorwa cha, ndipu watopo kanthu cha. Maghanoghano ghake gharongo kuti walivi zeru. Munthu wambura kurumba vyo anyake atimuchitiya.

Mazu ghaku Chiuta gho ghakhozga nthanthi yeniyi:

(1) *Ŵerengani Mateyu 25:24-30*. Munthu yo wangupaskika Talente pamoza ndi ŵanyake, iyo lake wangupinduwa cha. Wanguza kumweneko wa Matalente manja-manja, ndiwanguti, "Mbuya, ndingukuziŵa kuti we munthu mnono-no, wakuvuna po wengavi kumija, ndi wakuyora po wengavi kuparghang'a, ndipo pakopa ndingwachibisa pasi talente lako. Awona, we nalo lako."

(2) *Ŵerengani Luka 15:11-20*. Mwana wakusoŵa wanguwele ku awiske *Mutu dulika-dulika*, kurapa chifukwa cha kutwanga kwake. Ndipo wanguti waji-wezga mu mtima wanguti, "Ŵamphotu ŵaringa ŵada ŵafurwa ndi vyau-kurgha vinandi, ndipo ine panu ndiyowa ndi nja. Nkhasokanga, ndikenge ku ŵada; ndipo ndinenenge nawo, Ada, ndalakwiya kuchanya ndi pamaso pinu: Kuti ndeche wakwenere cha kutamulika mwana winu: ndichiteni nge njumoza wa ŵamphotu ŵinu."

103. Muyane ndi Chiuta

Konkhosko lake: Pa Chitonga pe chigomezgo chakuti *amoyo* ndi *azimu* aka-mbiskana asani mapempphero ghawo ghatende mu *Mzimu Ukuru* waku Chiuta, pakuti mizimu ya ŵanthu akufwa yiruta kwaku Chiuta.

Tandauzo lake: Munthu watenele kukozga Chiuta, pamwenga kuyanana ndi nkharu yaku Chiuta.

Kuzirwa kwa nthanthi iyi: nthanthi iyi yikambika ndi *apharazgi* a mazu ghaku Chiuta, pakuchiska ŵanthu kuti akozgane ndi Yesu mu nkharu, kuŵa *akuzika*, *kwanja, lisungu*, ndijalidu lamampha. Kaŵilo kaviyo ndiko wakhumba Chiuta kuti ndimo tijaliyenge.

Mazu ghaku Chiuta gho ghakhozga nthanthi yeniyi:

(1) **Marko 12:30.** Ndipo wanjenge mbuya Chiuta wako ndi mtima wako wose, ndi ndi mzimu wako wose, ndi vinjeru vyako vyose, ndi ndi nthazi yako yose.

(2) **ŴaEfeso 5:1.** Viyo muŵe ŵakumwezga Chiuta, uli mbana ŵakwanjiwa.

(3) **ŴaFilipi 2:5-6.** Kaghanaghanidu ko kenga mwaku Kristu Yesu, kaŵe mwinu, mweniyo pakuŵa mu muwiru waku Chiuta wengavi kulipima yanu lake ndi Chiuta kanthu kakuphangika.

104. Mwagwira nchitu

Konkhosko lake: Chituwu ichi, pamwenga nthanti iyi, njakupacha munthu yo wachita chinthu chiheni pamuzi. Nyengo zinande, ndi munthu yo atimugo-mezga kuti ndiyo wabaya munyaki. Nyengo zinyake ghang'anamuwa kuwonga pa mlimu wamampha wo munthu wachita. Sonu ndi mazu ghakufinga, kweniso ndi mazu ghakuwonga. Ndi mazu ghaku kuluŵika.

Tandauzo lake: Cho wakhumbanga wafiska, pamwenga wabaya yo watinkha-nga; pamwenga mwachita umampha nchitu yo mungutumika.

Kuzirwa kwa nthanthi iyi: nthanthi iyi yikambika ndi ŵala, pakuwamo kuti walipo yo wachita chinthu chaviyo, pa muzi. Viŵi-viŵi, asani pe nyifwa yo yaŵa-po kwa mabuchibuchi. Munthu yo agomezga kuti ndiyo wabaya, atiti, *Wagwira nchitu*, nge nkhufinga pachinthu chiheni cho wachita. Nyengo zinyake yo wa-chita chinthu chaviyo waziŵa kuliya boza kuti waleki kuziŵikŵa kuti ndiyo waba-ya munyake.

Panyake nthanthi iyi yikambika kurumba munthu pa mlimu wamampha wo wachita. *Akutaula* akamba nthanthi iyi pakuthokoza ŵanthu, asani mupingo ukuwa, ndipo ŵanthu anande asele kuvwana mwaku Mbuya. Nchitu ya viyo yendi marumbu kwaku Chiuta.

Mazu ghaku Chiuta gho ghakhozga nthanthi yeniyi:

(1) **Machitidu gha Ŵakutumika 7:51-53.** "Mwanononu ku singu, ndi mwambura kuchinjika ku mtima ndi makutu, nyengo zose mumikana ndi Mzimu wakupaturika: nge mbauskemwe, namwe viyo. Nunju wa ŵamchimi auske-mwe wengavi kumndondoloska? Ndi ŵanguŵabaya wo ŵangutauliya limu

ndi kazidu ka Murunji yo; mweniyo sono imwe mwakombo ndi mwabaya. Mwaŵenimwe munguronde dangu lakupaskika ndi ŵangelo, ndi mwengavi kulisunga."

(2) *Mateyu 25:23.* Wanguti kwaku iyo mbuyake, 'Nchamampha, muŵanda wamampha ndi wamagomekezgeka we, pa vinthu vimanavi waŵa wamagomekezgeka ndikuŵikenge pa vinandi; sere mu chimwemwe cha mbuyako.'

105. Mwana kopa kazimu nkhumuluma

Konkhosko lake: Mwana kuti waziŵe kuti ichi nchamampha, ichi nchiheni, watenele kusambizgika ndi apapi.

Tandauzo lake: Chinthu cho cha kuchitikiya ndisambiro likuru.

Kuzirwa kwa nthanthi iyi: nthanthi yeniyi yisambizga ŵanthu kukunthiyapo pa maunonono gho asaniya, chifukwa masuzgu ghamala cha pa umoyo. Nyengo zinyake nthanthi iyi ndichenjezgo; kucheŵeska ŵanthu kuti aphwelengi ma umoyo ghawu; pa kureka vinthu vyo vipunduwa nge *mowa, chamba, kumwa minkhwala* yakunanga mitu, *chigololo*, ndi vyose vyaviyo. Asani urutirizga vyendi mphoto yake, yeniyo ndisuzgu, ndipu wazamukuti, *kumasu mamu!*

Mazu ghaku Chiuta gho ghakhozga nthanthi yeniyi:

(1) *Yesaya 46:8.* "Kumbukani ichi ndi ghanaghanani, jikumbuskeni, imwe mwaŵatimbanizi."

(2) *Luka 13:5.* Ndikuneniyani, Awa na: kweni kwambura kuti mung'anamukenge, mose muparghanikenge kwakukozgana.

(3) *Chivumbuzi 2:16.* Viyo ng'anamuka, vinu ndingaza kwako ruŵi, ndikurwana nawo ndi lipanga la mlomo wangu.

106. Mwana mranda wasambira vyo ŵanthu ŵakamba pa mphara

Konkhosko lake: "Mphara" pa Chitonga ndi bwalo po akambiya milando, pamwenga po pachezga anthurumi ŵala ndi ahurwa; zisima aturyiya wose pamoza penipo; *kugoma nchuwa; kuruka mphasa, mono, kupanjira mayembe* ndi *zimbavi*, ndi vyose vyaviyo. Ŵana aronde marangu pa *mphara.* Chitima nchakuti le mphara zimara! Pa Chitonga pe nthanu mu "Mcapu"[13] ya ŵa *Bongolo ŵaŵi.* Yo wenga mranda wanguvwa marangu ghaku chinyiya, wangutaskika. Yo wenga

---

13 *Mcapu wa Chitonga*, pp. 14-15.

ndi nyina wangutafula. Chati chaza chipwepwi wangufwa chifukwa wangu-kumba cha zenji laki laku bisamamo.

Tandauzo lake: Asani munthu wakhumba kuŵa wa zeru, nchamampha kuvvwiya vyo akamba apapi, pamwenga ŵala-ŵala.

Kuzirwa kwa nthanthi iyi: Ŵala-ŵala akamba nthanthi iyi kusambizga ŵana wo ŵaleka kuvvwiya apapi ŵawo.

Mazu ghaku Chiuta gho ghakhozga nthanthi yeniyi:

(1) **Ŵerengani nthanthi 14:1-6**: Ŵana wo mbakuvvwiya chenjezgo akuwa azeru. Asani arondo visambizgo vyo akamba ŵala-ŵala aŵengi ndi umoyo utali ndi akuja akukondwa mu umoyo wawo.

(2) *Nthanthi 22:6.* Sambizga mwana mu nthowa yeniyo watenere kwendamo, ndipo pa waŵa mura kuti wapatukengemo cha mwaku yo.

107. Mwana ndi chola (Mwana nchola)

Konkhosko lake: Uleka mwana wako cha mweniyo ndichovyo chaku kunthazi.

Tandauzo lake: Mpapi nchakwenele cha kukana mwana waki, chingana wana-ngi, nchamampha kumugowoke.

Kuzirwa kwa nthanthi iyi: nthanthi iyi yikambika ndi ŵala kuchenjezga munthu yo ndi mkari ukongwa pa ŵana. Mwana ngwakuzirwa chifukwa pa ulendo ndiyo watitipingiya katundu, pamwenga kumutuma. Tiyeni tanje ŵana ŵidu.

Mazu ghaku Chiuta gho ghakhozga nthanthi yeniyi:

(1) **Ŵerengani Chiyambo 22:2-7.** Apa tisambira kuti Abrahamu wanguto mwana wake Yisaki ku mupingizga nkhuni kuruta kwachipereka sembe kwaku Chi-uta. Pakurongo kuti mwana ngwakuzirwa, Chiuta wanguupereka mberere kuŵa sembe.

(2) *Sumu 127:3.* Ehe, ŵana nchihara cha Ambuya, Chipasi cha nthumbu ndi mphoto.

(3) *ŴaEfeso 6:4.* Ndipo mwaŵauskeu, mungakaralizga ŵana ŵinu cha, kweni muŵalere mu kulanga ndi kuchichizga kwa Mbuya.

108. Mwana wa mTonga nchigumbuli watijiwundiya pasi

Konkhosko lake: "Chigumbuli", nkhasomba kakuchenje ukongwa. Asani kawona chirwani kasele kusi ku mchenga. Kaziŵa kujibisa ndi maŵanga ghake kuti kaleki kuziŵika ndi chirwani.

Tandauzo lake: Nchamampha cha munthu kujiŵika mu urwani, pamwenga kuseŵe ndi urwani.

Kuzirwa kwa nthanthi iyi: nthanthi iyi yichiska *Asungwana* ndi *Ahurwa* kuŵa avinjeru pose po angaja. Ndipo so nchamampha cha kujirongo asani we kwaŵeni. Chita mo achitiya ŵeneko ndikuteska majalido, ghawo ndikuja nawo mu chimango.

Mazu ghaku Chiuta gho ghakhozga nthanthi yeniyi:

(1) **Daniyele 1:4.** ŵanyamata ŵambura kalema, ŵakutowa, ŵakuwamo vinjeru vyose, ŵakuzazika ndi mziŵiro, ŵakuwamo visambizgu, ndi ŵakuziŵa kuteŵeta mu nyumba ya karonga, ndi kusambizgika malembo ndi gha ŵa-Kaldiya.

(2) **ŴaEfeso 4:14.** Kuti tireke kuŵa so ŵamujedu ŵakufunchiskika ndi kuyungwi-skika ndi mphepu yose ya kasambizgidu kamu fuzi la ŵanthu, mu uchenjezi wakunyengere ku urandizgi.

(3) **Mateyu 10:16.** "Awonani, ndikutumani imwe nge ndi mberere mukati mu zimphumphi. Viyo muŵe ŵachinjeru nge ndi zinjoka, ndi ŵakuzika nge ndi zinkhunda."

109. Mwana wa mumalundi

Konkhosko lake: Mwaka mu uTonga mwenga dangu lakuti yo ndi *muŵanda* (kapolo), pakurongo kuti wepasi pa ambuyake, wagwadanga, ndikuko mumalundi ghambuyake. Mwaviyo ŵanthu aziŵanga kuti ndikapolo. Ndi mazu gha-kukuluŵika.

Tandauzo lake: Munthu yo ndi *kapolo* pamwenga muwanda, pamwenga waku-za kwazija ndiwo mbabali ŵake cha.

Kuzirwa kwa nthanthi iyi: nthanthi iyi yikambika ndi ŵala, pakunena munthu yo ngwakuza, pamwenga yo kuti ndimweneko muzi cha. Mweniyo kuti ngwapa-kati-kati cha. Sonu mwakukuluŵika mazu kuti waleki kuwamo cho chikambika, ndimu akambiya mazu ghenagha. Akutaula akamba nthanthi iyi kurongo kuti taŵanthu te aŵanda Ambuya, titenele kugwada pasi pamalundi ghaku Yesu.

Mazu ghaku Chiuta gho ghakhozga nthanthi yeniyi:

(1) **Yohane 15:13.** Chanju chikuru kwakuruska cho munthu wangaziŵa kuŵa nacho pa ŵabwezi ŵake, nkhupereka umoyo wake ku chifwa chaku wo.

(2) **Yohane 8:35.** Ndipo muŵanda kuti wajaririya mu nyumba muyaya cha: mwana ndiyo wajaririya muyaya.

(3) **WaHebere 3:5.** Ndipo Mosese nadi wenga wamagomekezgeka mu nyumba yake yose nge ngwakuteŵeta, kuti waŵe kaboni waku vyo vyakambikanga.

(4) **Jobu 7:2.** Nge ndi muŵanda yo wakhumba muduzi, nge ngwanchitu yo wapenja malipilo ghake.

110. Mwana wa munyako ndi samba-mumanja wako ndi rghangako

Konkhosko lake: Ku ŵana ŵidu tirongo mtima wamampha, kweni ku ŵana ŵanyidu tirongo mtima wa nkhaza. Tisambuska ŵana ŵanyidu nge mbakapolo, uku ŵidu mi anangwa.

Tandauzo lake: Nchamampha cha kuchitiya phuzu ku mwana wa munyako ndi kufukatiya waku pe.

Kuzirwa kwa nthanthi iyi: nthanthi iyi yichenjezga munthu yo watanja ŵana ŵaki pe, kweni wo mbaki cha, watiŵatinkha. *Mwana wa munyako ngwako.* Taŵanthu tijaliyana yumoza ndi munyake. ŵana wo mba abali ŵidu, nawo mbidu tiŵaphwele po tiphwelele ŵidu. Kunthazi ŵeniwo nawo ŵamkutovya epa suzgu yatiwiya.

Mazu ghaku Chiuta gho ghakkozga nthanthi yeniyi:

(1) **Marko 12:31.** Lachiŵi ndenili, "Wanjenge mwanase wako nge ndiwe wamweni. Dangu linyake ngendi ghenagha palive."

111. Mwana wachiti nyama walinga wayiwona

Konkhosko lake: nthanthi yakulingana ndi yeniyi mu Chizungu atiti, *kulivi usi utuwa pambura moto*. Chinthu asani chachitika pe kanthu ko kayambiska viyo.

Tandauzo lake: Asani ŵanthu akambakamba kanthu ndikuti uneneska ulipu.

Kuzirwa kwa nthanthi iyi: nthanthi iyi yikambika pa mphara ya mlandu. Pamwenga po ŵanthu apindana. Asani akabone anande asimikizga kanthu, ndikuti uneneska ulipu. Nyengo zinyaki yikambika muzinyumba mo mwe ŵana aboza.

Asani awona kanthu ko aŵika apapi ŵawo atachisumuliya ŵanthu. Sonu wo atuvwa atiti mwana wakamba ŵaka cha, ndikuti wachiwona chinthu cho wakamba. Mwana wa viyo atiti ndi *mwawa wavibweto.*

Mazu ghaku Chiuta gho ghakhozga nthanthi yeniyi:

(1) **Luka 12:2-3.** Kweni palive kanthu kakubenekereka ko karekenge kuvunulika: ndi kakubisika keniko karekenge kuziŵikwa. Chifukwa chenicho vyose vyo mwarongorore mu mdima, mu ukweru vivwikenge; ndipo chenicho mungurongorole mu gutu mu vipinda vitaulikiyenge pa mabagha pachanya. (Wonani so **Ŵa**Hebere 4:13)

(2) **Yohane 18:26-27.** Watiti yumoza wamu ŵaŵanda ŵa mzukuru mura, mbali waku yo Petro wangumdumuwa gutu. "Asi ndingukuwona iwe mu dimba po pamoza nayo?" Kweni Petro wangukana mbwenu: ndipo sosonukweni tambala wangukokoŵereka.

112. Mwana wakuti kaya kuti wachila cha

Konkhosko lake: Chinthu cho anande atichikayikiya, kanandi uneneska ulipo.

Tandauzo lake: Mwe uneneska muchinthu cho ŵanthu ŵanande ŵakambapo.

Kuzirwa kwa nthanthi iyi: nthanthi iyi yikambika asani munthu yo watama utenda urutiliya, ŵanthu ŵataya chigomezgo. Nchamampha cha kutaya chigomezgo luŵi. Mungachita mphwayi cha kumutamizga. Ndisambizgo ku *ahurwa* ndi *asungwana* kuti angafwanga mphwayi cha asani umoyo uchita nge usuzga. Mutenele kuŵa achitatata.

Mazu ghaku Chiuta gho ghakhozga nthanthi yeniyi:

(1) **Yohane 20:27.** Sono wanena ndi Tomase, "Hanawo kuno munwi wako, ndi lereska manja ghangu; hanalo janja lako, ŵika mu liŵaghara langu: ndipo ungaŵanga wambura kuvwana cha, kweni wakuvwana."

(2) **Ŵa**Roma 14:23.** Kweni yo wakayika, wasuskika asani waturgha, pakuti wareka kurghiya kwamu chivwanu; ndipo chose cho chirive kutuwa mu chivwanu nkhulakwa.

113. Mwana wambula kuvwa wangume masengwe ku masu

Konkhosko lake: Pe nthanu pa Chitonga,[14] yo yititi, "nyama zose zingudanika

---

14 A Richard Godfrey Chiya Phiri, ndiwo angundinene nthanu yeniyi po ndachitanga kafuku-

kuti zilonde masengwe. Zo tiwona zinguronde mo titiziwone le. Kweni nyama yimoza yingupempha kuti masengwe ghake ghame kumasu. Zinyake zingumunene kuti masengwe ghaku maso kunthazi ghamusuzgengi, kweni iyo yinguvwiya cha. Mwaviyo cho yingupempha yingupaskika. Kweni kwati kwaŵa chilala vuwa yinguleka kuwa. Maji mucharu mwengavi. Kweni nyama zati zakumba chisime chakuti nyoo! Zo zenga ndi masengwe kugontho zingumwa. Kweni yo yenga ndi masengwe kumasu yingutondeka, chifukwa masengwe ghadanjiyanga pa maji; viyo yingufwa ndi nyota, chifukwa chakuleka kuvwiya."

Tandauzo lake: Munthu wambura kuvwiya umoyo wake umaliya musuzgu.

Kuzirwa kwa nthanthi iyi: nthanthi iyi yikambika ndi ŵala pakuchenya munthu yo waŵa musuzgu, chifukwa chakuleka kuvwiya vyo ala amuneniyanga. Munthu wambura kuvwiya ngwakujikuzga. Ŵeruzgi mu zimphara akamba nthanthi yeniyi kusambizga munthu wambura kuvwiya. Ndisambizgo so kuŵana wo ŵe pasuzgu chifukwa chakuleka kuvwiya apapi ŵawo.

Mazu ghaku Chiuta gho ghakhozga nthanthi yeniyi:

(1) *Nthanthi 13:10.* Ndi mutafu wambura kuphwere ŵachita ndeu, kweni ŵeniwo ŵazomera kuŵapanga fundu ndi zeru.

(2) *Nthanthi 23:19.* Ayivwa, wa mwana wangu, ndipo uŵe wa zeru, ndipo longozge muwongo wako mu nthowa yo.

(3) *Nthanthi 23:22.* Tegherezga ku usu mweniyo wangukupapa.

114. Mwana wangu wakana marangu, yiku yimulange ndi Njovu

Konkhosko lake: Asani mwana wavvwiya cha marango gho utimusambizga, nkhunonono ukongwa kuti wakuwe ndi nkharo yamampha. *Njovu* nchakweruzgiyapo waka, chifukwa ndi chinyama chikuru cho chendi nthazi ukongwa. Asani chako munthu wangachira cha; pamwenga wangafwanthumuka cha.

Tandauzo lake: Ŵana ŵaleke kunyoza vyo apapi, pamwenga ŵala-ŵala atiŵasambizga. Kuvwiya nchinthu chakurumbika ukongwa ku mwana.

Kuzirwa kwa nthanthi iyi: nthanthi iyi ndi chenjezgo ku ŵana wo aleka kuvwiya marango gho atiŵasambizga ala. *Aliska*, pamwenga *apharazgi* asambizga ŵanthu kuvwiya marango ghaku Chiuta. Asani tileka kuvwiya marango ghaku Chiuta watilangengi.

Nthanthi 114: Mwana wangu wakana marangu yipu yimulange ndi njovu

Mazu ghaku Chiuta gho ghakhozga nthanthi yeniyi:

(1) Ŵ**erengani Marangu 28:15-19.** Chiuta walangengi ŵanthu wo ŵavwiyengi cha marango ghake.

(2) *Nthanthi 29:1.* Mweniyo wasuskika kaŵikaŵi kweni wangangamika mbwenu khosi lake wakaswekanga kwamabuchibuchi wambura machizgika.

(3) *Yesaya 7:18.* Mu zuŵa liya Ambuya akambiyanga kayuzi nyeze yo ye pa funda la tumisinji twa mu Egipiti, ndi akambiyanga njuchi yo yemu charu cha Asiriya.

(4) *Yeremiya 34:3.* "Kuti ukapozomokanga cha ku janja lake, kweni nadi uka-kolekanga ndi kuperekeka mu janja lake; ukamuwonanga karonga wa Babi-loni maso ndi maso ndi kurongoro nayo mlomo ndi mlomo; ndipo ukaru-tanga ku Babiloni."

115. Mweniyo wakwamphuwa kamunyake kake nayo kakwamphu-rikenge

Konkhosko lake: Ŵanthu aleki kuphanga vinthu vyaŵanyawu mwachinyengu, pamwenga munthowa yakuba.

Tandauzo lake: Munthu watenele kubinila (kukhumbira ndi sanji) chinthu cha munyake cha. Yo ndi mlongozi watenele cha kukhumbira chinthu chakuyo wepasi paki. Yo ndi mlomba watenele kukhumbira kanthu ka mkavu cha.

Kuzirwa kwa nthanthi iyi: nthanthi iyi yikambika, kuchenjezga ŵanthu kuti aleki kuchitiya uheni anyawo, nanga nkhweruzgiya kwanja makani, asani ŵepa mazaza ghaviyo. Munthu yose we pasi padango. *Apharazgi* akamba nthanthi iyi pakuchenjezga a Khristu kuti sanji njiheni.

Mazu ghaku Chiuta gho ghakhozga nthanthi yeniyi:

(1) Ŵ**erengani 2 Samuele 12:15-23.** Apa tisambira po mchimi Natani wanguza kuchenjezga Davidi, Karonga wa ŵaYisraele pakubinila muoli waku Uriya ndikuto kuŵa muoli waki, wati wabaya Uriya.

(2) *2 Samuele 16:20-22.* Penipo Absalomu wangunena ndi Ahitofele, "Pereka fundu yako; tikachitanganji?" Ahitofele wangunena ndi Absalomu, "Kase-reni mu mbiligha za auskemwe zo ŵakusiya kuti zirindengi nyumba; ndipo wakavwanga Yisraele yose kuti mwajichita kuŵa wakutinkha auskemwe, ndipo manja ghose ghaku wo ŵe pamoza namwe ghakakhomeskekanga."

(3) *Mateyu 18:32-34*. Sono mbuyake wangumdana, ndi wanguti kwaku iyo, "Muŵanda mheni we, ndingukugowoke mateu ghako ghose, pakuti ungundiŵeyere; asi kungwenere iwe nawe kumuchitiya lisungu muŵanda munyako mo ine ndinguchitiya iwe lisungu?" Ndipo mbuyake wangukalipa wangumpereka mu ulinda wa ŵakumangika, mpaka walipe ghose mateu ghake.

116. Mzimu ndirinde

Konkhosko lake: Alipu ŵanthu anyaki wo avwana kuti epa titenda mu malo ghanyaki mwe *mizimu* yaŵanthu akufwa: nge mumapopa, mu matundu, mu masano, mumaji ndi mu mapire. Mizimu yinyake njiheni, kweni yinyake njamampha.

Tandauzo lake: Mumdima wanyifwa.

Kuzirwa kwa nthanthi iyi: Ŵala-ŵala ŵakamba nthanthi iyi asani munthu watenda munthowa yo yendi maurwane. Viŵi-viŵi mu malo gho mwe mizimu yiheni: mu mapiri, muzimphanji ndi matundu. Nthanthi iyi yikhwimiska so ŵanthu kuti aziŵengi kuti atenda ndi nthazi ya *azimu. Apharazgi* a Mazu ghaku Chiuta atitisambizga kuti "Mzimu waku Chiuta" ndiwo utitivikiliya pose po titenda.

Mazu ghaku Chiuta gho ghakhozga nthanthi yeniyi:

(1) *Sumu 23:4*. Nanga nditenda mu phata mu munkhorwe wa nyifwa; kuti ndopenge uheni cha; chifukwa imwe mwe pamoza nane; nthonga yinu ndi ndodo yinu vitindisangaruska.

(2) *Sumu 116:3-4*. Yingundizinga mikoŵa ya nyifwa, maurwirwi gha muunda ghangundikwetere; ndinguzazika mantha ndi chitima. Sono ndingudana ku Ambuya, "Chondi, Ambuya, Nditaskeni!"

(3) *Jobu 3:5*. Mdima ukuru ndi mduzi wa nyifwa viliŵange kuŵa lawo. Mitambo yiŵe pachanya pake, mdima wa zuŵa ulitenthemeske.

117. Mzinda unyenga

Konkhosko lake: Ndi nyengo zose cha kuti mzinda urunjika pakukhozga fundu. Kaguru kamana kaziŵa kuŵa ndi zeru zakuluska zeru za mzinda.

Tandauzo lake: Munthu watenele kujiteska cho wakamba po pateka ŵanthu.

Kuzirwa kwa nthanthi iyi: nthanthi iyi yicheŵeska wo ŵatorana nthengwa kuti aleki kuvwa vyo atiŵapazga ŵanthu, chifukwa ŵanthu kwawu nkhŵipasuwa nthengwa za anyawo. Pa kususkana, wo alongozga ndali, nawo akamba nthanthi yeniyi nge ndichenjezgo kwaku wo arondo ko kwe mzinda. *Ahurwa* ndi *asu-ngwana* mutenele kuteska vyo anyino akamba mu maupu, vinyake viziŵa kumu-puluskani. *Apharazgi* acheŵeska ŵanthu kuti aleki kuthaŵiliya chimzinda kuti ndiko kwe uneneska, kweni kwaku Yesu ndiko.

Mazu ghaku Chiuta gho ghakhozga nthanthi iyi:

(1) *Nthanthi 24:1.* Ungaŵachitiyanga sanje cha ŵanthu ŵaheni, chingana nkhu-nweka kuŵa nawo pamoza.

(2) **Werengani Machitidu gha Ŵakutumika 27:10-11.** Tituvwa kuti Paulo wa-ngwesa kuchenjezga kapitao wa ngalaŵa ndi mwenecho wangalaŵa kuti ule-ndo wawo wa panyanja uŵengi ndipharyaniko likuru. Kweni angukana ku-vwiya munthu waku Chiuta vyo wangukamba. Suzgu yinguŵako yikuru ku-nthazi.

(3) *Machitidu gha Ŵakutumika 27:21.* Ndipo pakuŵavi kurgha mazuŵa ghana-ndi, Paulo wangusoka mukati mwawo, ndi wanguti, "Mwaŵanthu, mphanyi munguvwiya ine kureka kusoro ku Krete, wanangiku uwu ndi uyowi uwu mphanyi palivi."

118. Nanga ŵanthu ŵaŵe azeru pe, waŵapo wakuruska munyake

Konkhosko lake: Pa ŵanthu ŵaŵi azeru, yumoza mupaka watachiluskako mu-nyake.

Tandauzo lake: Ŵanthu apambana mu zeru nthazi ndi kachitiro kavinthu.

Kuzirwa kwa nthanthi iyi: nthanthi iyi yikambika pakuchenjezga munthu yo ngwakujikuzga, ndiwakujirongo kuti iyo waziŵa vyose. *Akutaula* mazu ghaku Chiuta akamba nthanthi iyi pakucheŵeska ŵanthu, kuti Chiuta pe ndiyo wazeru zose yo waziŵa vyose.

Mazu ghaku Chiuta gho ghakhozga nthanthi yeniyi:

(1) *Nthanthi 3:7.* Ungajisanduskanga wazeru mu maso ghaku wamweni; wo-panga Ambuya, ndipo utuweko ku uheni.

(2) **WaRoma 12:16.** Yanani mu mtima yumoza ndi munyake. Mungasuŵiriyanga vyathamu cha, kweni sunganani ndi ŵakuzimbwa. Mungaŵanga ŵakujiru-mba cha.

(3) *Nthanthi 13:20.* Mweniyo watenda pamoza ndi ŵanthu ŵazeru, wasanduka kuŵa wa zeru.

119. Ndakana Chiuta mkali

Konkhosko lake: Kanande a Tonga anena mazu agha nge ndi rapu, pamwenga thembo. Chiuta ndi mkali nge *limphezi* lo limara ŵanthu.

Tandauzo lake: Munthu yo waziŵa kuti ndimuneneska walapa kuti asani ngwa boza Chiuta wa mulangi, mwakuti anyaki awone uneneska wo ulipo.

Kuzirwa kwa nthanthi iyi: nthanthi iyi yikambika asani munthu we pa mlandu. Asani akabone atimupanikizga paku vyo wachita. Sonu walapa nthanthi yeniyi, kujirongo ukongoreka waki. *Apharazgi* acheweska ŵanthu kuti nkhuheni kuzumbuwa zina laku Chiuta po palivi uneneska.

Mazu ghaku Chiuta gho ghakhozga nthanthi yeniyi:

Yesaya 65:16. Viyo kuti yo watijitumbika mu charu wakajitumbikanga mwaku Chiuta wa uneneska, ndipo yo wachita rapu mu charu wakarapiyanga mwaku Chiuta wa uneneska; chifukwa masuzgu ghakudanga gharuwika ghabisika kwangu ku maso.

120. Ndakukambiyanga kuti ndi nyanga cha mheni ndi tiringane-ngi

Konkhosko lake: Alipu ŵanthu wo agomezga kuti suzgu yituza ndi kuloweka. Mbanande mu uTonga avwana viyo.

Tandauzo lake: Munthu yo ugomezga ukongwa ndiyo waziŵa kukupweteka; kuti ndi nyanga pe cha yo yibaya.

Kuzirwa kwa nthanthi iyi: nthanthi iyi yichenjezga *Ahurwa* ndi *Asungwana* wo anyengeka ndi maupu ghaheni. Aziŵa cha kuti umoyo wawo uziŵa kunangika luŵi ndi nkharo yiheni. Yo utanjana nayo ukongwa ndiyo waziŵa kukubaya ndi maluso ghake ghaheni.

Mazu ghaku Chiuta gho ghakhozga nthanthi yeniyi:

(1) **Ŵerengani Machitidu gha Ŵakutumika 14:19-20.** Kweni ŵanguzako ŵaYuda, ŵakutuwa ku Antioke ndi Ikonio: ndipo wangukopa mizinda yo, ndi ŵangumpong'a Paulo mya, ndipo ŵangumguziya kubwaro kumuzi, pakughanaghana kuti wafwa. Kweni ŵachimzingiriya ŵasambizi, wanguyuka ndi wangusere mu muzi: ndipo ndi mlenji wangutuwako pamoza ndi Barnaba kuruta ku Derbe.

(2) **Machitidu gha Ŵakutumika 17:5.** Kweni ŵaYuda pakukoreka sanji, ŵangu-

jitole ŵanthurumi ŵanyake ŵatimbanizi ndi ŵaheni, ndipo pakonganiska mzinda, ŵatimbanizganga muzi, ndipo pakudumiya nyumba yaku Jasone, ŵalembenga kuŵatole ku khamu lo.

(2) *Nthanthi 24:1-2.* Ungaŵachitiyanga sanje cha ŵanthu ŵaheni, chingana nkhunweka kuŵa nawo pamoza; pakuti milomo yirongoro za urwani.

(4) *Luka 22:21.* Kweni wonani, Janja la wakundikombo le nane pamoza pa gome.

121. Ndarama za pamutu

Konkhosko lake: Pamwambo wa nthengwa ya Chitonga, asani *chimalo* (chilowola) chinguperekekapo cha, nthengwa yaviyo *nja dondo*, pamwenga ya *chigololo*. Nyengo zinyake akamba kuti "Ndi nthengwa yakusomphorana." Sonu asani kweviyo ankhoswe afumba munthurumi kuti wapereke *ndarama za pamutu*, pavuli pake aziŵa kukambiskana za chilowola.

Tandauzo lake: Ndrama zo ziperekeka chifukwa chakunyenga munthukazi, ndikumusompho, kwambura apapi ndi ankhoswe amuthukazi kuziŵa.

Kuzirwa kwa nthanthi iyi: nthanthi iyi yipong'eka pa mphara ya mlando, asani munthurumi waziŵika, pamwenga amukole pa chigololo (pa uleŵe) ndi munthukazi. Amphara atimweruzga kuti wapereke "ndarama za pamutu" ku apapi amunthukazi, chifukwa watimbanizga mwana wawo.

Mazu ghaku Chiuta gho ghakhozga nthanthi yeniyi:

(1) *Ŵerengani Chiyambo 20:4-18.* Tisambira mo Abimeleke wangutore muole waku Abrahamu (Sara) mwakukwamphuwa. Kweni Chiuta wangumulanga wati waziŵa kuti wato muoli wamweni. Mwaviyo pakupereka Sara kwaku Abrahamu, wangupereka so ndi vyuma vinande nge vya pamutu: Sono Abimeleke wanguto mberere ndi ng'ombe ndi ŵaŵanda ŵanthurumi ndi ŵanthukazi wanguŵapaska kwaku Abrahamu, ndipo wangumuwezge Sara muwoli wake. Ndipo Abimeleke wanguti, "Awona, charu changu che paurongo pako, uje penipo pose ungakhumba." Kwaku Sara wanguti, "Awona, ndapaska mzichi wako chikwi chimoza (1,000) cha siliva, nge nchisimikizgu paku iwe mu maso ghaku wose ŵeniwo ŵendi iwe, ndi paurongo pa munthu we yose kuti we mukongorekwa."

(2) *Marangu 22:28-29.* Asani munthurumi wakumana ndi mwali wambura kujaririrka ndi munthurumi, ndipo watimuko ndi kula nayo, ndi wasanirika, sono munthurumi yo wangula nayo wakaperekanga ku wiske wa mwali yo ndrama za siliva machumi ghankhonde (50) ndipo munthukazi waŵenge muwoli

wake, chifukwa wamutimbanizga: wareke kumupata mu mazuŵa ghake ghose.

122. Ndendengi waka ndi charu, nde munthu na!

Konkhosko lake: Chithuzithuzi cha nthanthi iyi chilongo munthu yo watenda mubozwa yija-yija, mwambura wakumovya kupenja mpumulo.

Tandauzo lake: Munthu wakuyinga-yinga waka, wambura muzi.

Kuzirwa kwa nthanthi iyi: nthanthi iyi yikambika ndi munthu yo walivi wakumovya ndipo walivi chikhomo chenecho pa kuja. *Apharazgi* a mipingo nyengo zinande akamba nthanthi iyi pakucheŵeska wo asele mipingo yakupambana-pambana kwambura kuja chikhazi ndi mpingo umoza.

Mazu ghaku Chiuta gho ghakhozga nthanthi yeniyi:

(1) *Chiyambo 4:12-14*. "Uchilima, nyata kuti yikawerezgangapo so cha kuku-paska nthazi yake: ukaŵanga wakuthaŵathaŵa ndi wakuyingayinga pa charu chapasi." Kaini wanguti ku Ambuya, "Kulangika nkhukuru kwakuruska mo ndingakunthiyapo. Awonani, mwandidikiska msana wale ku nyata; ndipo ndikabisikanga chisku; ndipo ndikaŵanga wakuthaŵathaŵa ndi wakuyinga-yinga pa charu chapasi, ndipo we yose wakundisaniya wakandibayanga."

(2) *ŴaHebere 11:8*. Ndi chivwanu Abrahamu, wanguti wadanika, wanguvwiya kuti watuwemo kuya ku malo ghenigho wakarondanga nge nchihara; ndipo wangutuwa, wambura kuziŵa ko wayanga.

123. Ndiruta kwa ama ungandipweteka

Konkhosko lake: Nchachilendo cha pa Chitonga kuwona kuti anthukazi pa-mwenga anthurumi wo asuzgika pa nthengwa awele ku *umphara* wawo (apa-tana).

Tandauzo lake: Nchamampha cha kuzizipizga kuja ndi munthurumi pamwenga munthukazi yo watikusuzga ukongwa chifukwa uziŵa kutaya unthu wako, pamwenga kutaya kuzirwa kwako.

Kuzirwa kwa nthanthi iyi: nthanthi iyi yikambika nge ndichenjezgo kumunthu yo waja chikhazi cha ndi muoli wake pamwenga mulumi waki. Munthukazi pamwenga munthurumi watachikumbuka po wajaliyanga mu chimangu ndi apa-pi ŵake wenga wandaŵirwe, pamwenga wandato. Tiyeni tisungi awoli ŵidu pamwenga alumi ŵidu pakuŵapaska ulemu ndi ku ŵaphwele umampha. Kupata-na nkhwamampha cha.

Mazu ghaku Chiuta gho ghakhozga nthanthi yeniyi:

(1) **Luka 15:17.** Ndipo wanguti wajiwezga mu mtima watinge, "ŵamphotu ŵaringa ŵa ŵanda ŵafurwa ndi vyaukurgha vinandi, ndipo ine panu ndiyowa ndi nja."

124. Ndisunga matumbu ghinu

Konkhosko lake: Pa Chitonga ŵanthu 'ajariyana' (kovyana), munyake ndi munyake, chifukwa *ko kekija nkhanyama*. ŵana ŵamunyake aziŵa kulereka ndi nyumba yinyake. Ndi mazu ghaku-kuluŵika.

Tandauzo lake: Ndisunga ŵana ŵinu (pamwenga, 'ndisunga abali winu').

Kuzirwa kwa nthanthi iyi: nthanthi iyi yikambika nge nkhuchenya ŵanthu wo kuti arumba cha chovyo cho watiŵachitiya munyawo. Viŵi-viŵi asani ulera ŵana ŵawo. Nyengo zinyake, yikambika nge nkhuchiska wo iwo awona nge nkhunonono kurela ŵana anyawo. Kovyana nchinthu chakuzirwa. Tikumbukengi kuti *Kepa munyako umwiya naji, ke pako ungamwa maji cha*. Akutaula mazu ghaku Chiuta akamba nthanthi iyi pakusambizga ŵanthu kuzirwa kwakovyana mu m'pingo.

Mazu ghaku Chiuta gho ghakhozga nthanthi yeniyi:

(1) **Chiyambo 4:8-9.** Kaini wanguti kwaku Abelu mhurwa wake, "Tiye ku munda." Ndipo penipo wenga mu munda, Kaini wangusoke pa mhurwa wake Abelu, ndi wangumubaya. Sono Ambuya anguti kwaku Kaini, "We pani Abelu mhurwa wako?" Iyo wanguti, "Kuti ndiziŵa cha; kumbi ndine msungi wa mhurwa wangu?"

(2) **ŴaRoma 12:13.** Muŵe ŵakusangana nawo mu maukavu gha ŵakupaturika; ŵakutakatakiya wezi ku ŵalendo.

125. Ng'ombe yo yadanjiya yitumwa maji ghakutowa

Konkhosko lake: A Tonga aziŵikwa nge mbanthu ŵakudanga kuronde masambiro, ndi kwenda muvyaru vinande vyakuzingirizgana navyo, kusambira majalidu gha ŵanthu, ndimo agwiriya zinchito zawo. Anande akuwo asiya mbiri zamampha. Izi zaŵa nge *zimphachi* kujula nthowa kuti ŵanande aziŵe malonda ndi masambiro. Mu uTonga mwenga ŵanthu aŵa: Filimoni K. Chirwa, Clement Kadali, Manowa Chirwa, Alexander Muŵamba, Uraya Chirwa, Diamond Manda, Rev Isaac Mandole Kamanga, Samuel Longwe, Rev Yesaya Zerenji Mwase, Kalimanjila, Rev Bright Mhone, Hanock Ng'oma, a Rev. W. Manda Rev

Nthanthi 125: Ng'ombe yo yadanjiya ndiyo yitumwa maji ghakutowa

Yoramu Mphande, Edward Boti Manda, ndi ŵanyake ŵakuwo, ŵachalipu ndi moyo ŵanyake wakufwa. (Muŵakumbukenge ŵaviyo).

Tandauzo lake: Kwambiriya kanthu kupaska munthu uromba unandi, ndipo utuŵa ndi mbiri yamampha.

Kuzirwa kwa nthanthi iyi: nthanthi iyi yichiska *Ahurwa* ndi *Asungwana* kwamba kuchita kanthu, anyako enga andayambe, mwakuti usakate. Yichiska so alimi kuti kukolora vinande nkhwambiriya kupanda vuwa zakwamba. Tiyeni tisambiri ku Virimbi vya mu uTonga, mu midauko ya a kutisiya, ndiwo alipo ndi moyo.

Mazu ghaku Chiuta gho ghakhozga nthanthi yeniyi:

(1) *Chituwa 16:21.* Mlenji ndi mlenji wanguviyora, we yose pa unandi weniwo wanguziŵa kurgha; kweni penipo lingufunda lumwi vingusongonoka.

(2) *ŴaFilipi 3:13.* Mwa ŵabali kuti ndijipima ine kuti ndachibwakiya sono cha; kweni chinthu chimoza ndichita, pakujiruwiya vyakuvuli, ndi kutambazukiya ku vyakuurongo.

126. Njovu yitufwa ndi mivwi yinande

Konkhosko lake: Zilipo nyengo zinyake zo a Tonga achita chiwira, kuti milimu yawo yendengepo luŵi. *Unandi ndi nthazi*. Ndichu chifukwa ateruzgiya kuti mivwi yinande ndiyu yibaya Njovu.

Tandauzo lake: Mlimu ukuru uchitika ruŵi ndikovyana.

Kuzirwa kwa nthanthi iyi: nthanthi iyi yikambika pa kuchiska munthu yo we pamasuzgu kudana anyake kuti amovye. Chifukwa *ko kekija nkha nyama*. Ŵanthu aziŵenge umoyo wakujaliyana, pa kovyana. *Apharazgi* a mazu ghaku Chiuta nawo akamba nthanthi iyi kuchiska mipingo yawo kuti akoliyanengeko mu zinchitu zawo mwakuti ufumu waku Chiuta ukuwenge. Ndi mdano kuti *aliska* pamwenga *apharazgi* awenge anande mu nchitu yaku Chiuta.

Mazu ghaku Chiuta gho ghakhozga nthanthi yeniyi:

(1) *Ruti 2:3.* Viyo wanguruta ndi wangukonkho mbeu muvuli mwa wakuvuna; ndipo wanguza ku chigaŵa cha munda cho chenga chaku Boazi yo wenga wa mbumba yaku Elimeleke.

(2) *1 Samuele 4:9.* "Khwimani; ndipo mujikhozge nge mbanthurumi, mwa ŵaFilisti, vinu mungaŵa ŵaŵanda ku ŵaHebere nge ndimo iwo ŵanguŵiya kwaku imwe; jikhozgeni mwaŵeni nge mbanthurumi, ndipo rwani."

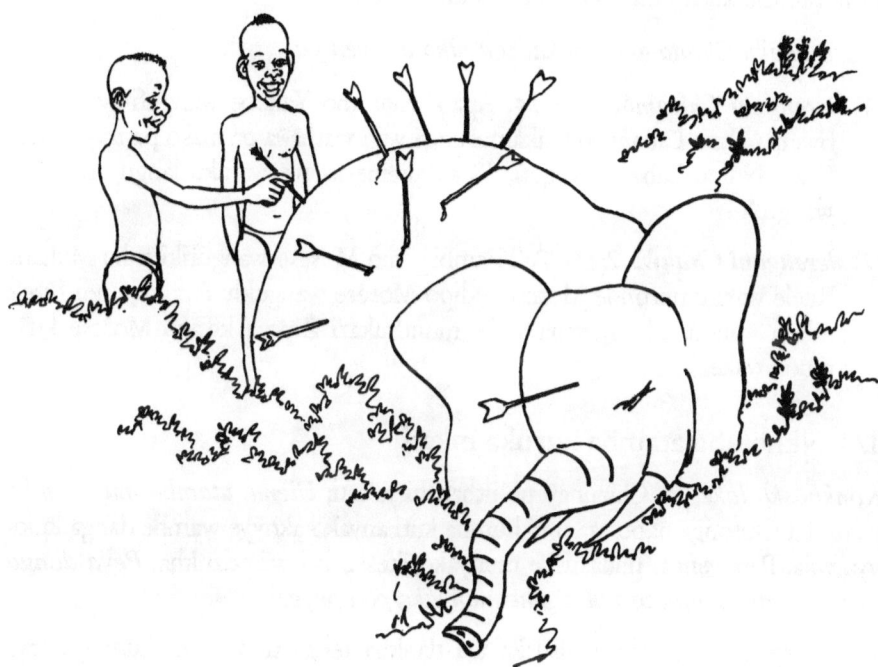

Nthanthi 126: Njovu yitufwa ndi mivwi yinande

(3) ŴaGalatia 4:2. Kweni we pasi pa ŵalinda ndi walereze mpaka ku nyengo yo yakutemeka ndi awiske.

127. Njuchi yo yakuruma ndiyo yako

Konkhosko lake: Munthu yo wendi suzgu watachiruta kwakuyo ndi mubale wake kuti wamovye, nge njuchi yo yakhumba kuti yikurumi yisiya mzinda kwazikuruma iwe, ndikusiya anyako wo wenawo pamoza.

Tandauzo lake: Munthu wafumba chovyo ku mubale wake, pamwenga kubwezi lake.

Kuzirwa kwa nthanthi iyi: nthanthi iyi yikambika asani munyako yo we pasuzgu watuza kwaku kukufumba chovyo. Yikambika nge ndisambizgo kuti taŵanthu titenele kujaliyana, pakurongo mtima wakovyana.

Mazu ghaku Chiuta gho ghakhozga nthanthi yeniyi:

(1) Ŵerengani Chiyambo 29:9-14. Apa tiwona mo Yakobe wangufikiya ku asibweni ŵake a Labani, kuti akamusunge wati wathaŵa pa maso pa muku waki Esau. Ndipu Labani wanguti, "Kwakuneneska we wafuku langu ndi mbali wangu."

(2) Ŵerengani Chituwa 2:16-22. Tisambira mo Mosese wangufikiya ku Midiani. Ruele wangumuronde Mosese, ndipo Moṣese wangukhorwa kuja ndi Ruele ndipo wangupaska mwana wake munthukazi Zipora kwaku Mosese kuŵa muoli wake.

128. Nkhombo atamba kusuka mkati

Konkhosko lake: Pa Chizungu pe nthanthi yakuti, *Ulemu utamba mu nyumba yako.* Pa Chitonga napo asani ukhumba kuti anyako akovye wambe danga kujovya wija. Pamwenga, undasuske munyako jiteske iwi wija dankha. *Peya danga nyumba yako ndipu usambizgene munyako po apeye.*

Tandauzo lake: Tambe kujisuska tija dankha tenga tindasuske kunanga kwa anyidu.

Kuzirwa kwa nthanthi iyi: nthanthi iyi yisambizga mo tingayeruzgiya anyidu. Yichenjezga munthu yo wateruzga munyake penipo iyo nayo chinthu chaviyo wachita. Ndisambizgo ku *Ahurwa* ndi *Asungwana* kuŵa aneneska mukuchita vinthu. *Apharazgi* achenjezga ŵanthu kuti nchamampha cha kweruzga munyako penipo iwe nawe uchita uheni waviyo, chifukwa Chiuta nawe wakweruzgenge.

Nthanthi 128: Nkhondo atamba kusuka mkati

Mazu ghaku Chiuta gho ghakhozga nthanthi yeniyi:

(1) **Ŵerengani Mateyu 7:1-5.** Tisambira kuti Yesu wangupereka chenjezgu kwakuwo avwanga kuti, mungeruzganga cha, alinga kuti mureke kweruzgika. Chifukwa ndi cheruzgu cho muteruzgiya mweruzgikiyenge chenicho, ndipo ndi mweso wo mutese, kwesekiyenge imwe ndi weniwo. Ndipo ulereskiyanji kachipandi kamu jiso la mbali wako, kweni munthambi wamu jiso lako kuti utiwupima cha? Pamwenga ungamunene uli mbali wako, Aka, ndituzgemo kachipandi ko mu jiso lako; penipo munthambi we mu jiso lako? Wakufuvya iwe, tuzgamo danga munthambi wo we mu jiso lako, sono ndipo uwonenge umampha kutuzgamo kachipandi mu jiso la mbali wako.

129. Nkhondo ndi mnasi

Konkhosko lake: Kanandi yo watikwambiya suzgu ndi mubale wako, chifukwa cha sanji. Tingakamba so kuti yo waziŵa kukubaya luŵi ndi *mnasi* (mubali) wako.

Tandauzo lake: Munthu yo ugomezga ukongwa ndiyo waziŵa kunanga umoyo wako, pamwenga kukubaya.

Kuzirwa kwa nthanthi iyi: nthanthi iyi yikambika nge ndichenjezgo kumunthu yo wademetere yo ndi murwane wake. *Apharazgi* akamba nthanthi iyi pakuchenjezga ŵanthu kuthaŵa Satana yo wawoneka nge ndi *mngelo wakuŵala* kweni ndi mrwani kukhumba kunanga umoyo wawo. *Ahurwa* ndi *asungwana* mungachitanga chiŵembo ndi apapi ŵinu cha.

Mazu ghaku Chiuta gho ghakhozga nthanthi yeniyi:

(1) **Ŵerengani 2 Samuele 15:9-12.** Tisambira kuti Abisalomu, mwana waku Davidi wangukumba nkhondo kurwana ndi awiske kuti wakwamphuwi ufumu wa awiske.

(2) **Ŵerengani Marko 14:17-20.** Apa tisambira kuti Yuda Iskaliote yo wendanga ndi Ambuya Yesu ndiyo wangukombo Ambuyake.

130. Nkhuni yimoza yimanga chifinga cha

Konkhosko lake: Munthu wazirwa chifukwa cha milimu yamampha pakovya anyake mu muzi.

Tandauzo lake: Kovya zinchitu mumizi yidu, nchinthu chamampha ukongwa. Kulivi munthu yo yija waja *nge ndi chirwa cha pa nyanja.*

Kuzirwa kwa nthanthi iyi: nthanthi iyi yichiska ujazi wakovyana mu mizi yidu, kuti ngwakukhumbika ukongwa. Nchakuzirwa kovya munyako yo we musuzgu. *Akutaula* mazu ghaku Chiuta akamba nthanthi iyi pakuchiska ŵampingu kuchita milimu yawo pamoza.

Mazu ghaku Chiuta gho ghakhozga nthanthi yeniyi:

(1) **Sumu 133:1.** Ehe, nkhwamampha mbwenu ndi kwakunozga kuti ŵabali ŵaje pamoza!

(2) **Mateyu 18:20.** Chifukwa po pe ŵaŵi pamwenga ŵatatu ŵakuwungirana pamoza mu zina langu, penipo ine ndepamoza nawo, mukati mwawo.

(3) **ŵaGalatiya 6:2.** Nyamuliranani mphingu za ŵanyinu, ndipo viyo fiskani dangu lo laku Khristu.

(4) **ŵaHebere 10:25.** Kwambura kujowo unganu waku taŵeni, uli nkharusu ka ŵanyake, kweni ŵakuchiskana; ndipo ukongwa viŵi po muwona kuti zuŵa lo liŵandika.

131. Nkhurande zibaya Njovu

Konkhosko lake: Po pe unandi, suzgu yituŵa yipusu, chifukwa atovyana luŵi. Kulingana ŵaka ndimo nkhurande zitovyiyana, chingana nthuvidonono tumana-tumana kweni nthwazeru ukongwa.

Tandauzo lake: ŵanthu wo avwanana, pamwenga kuchitiya pamoza nchitu zawo, aziŵa kuchita vinthu vikuru mu umoyo; pakuti *Umoza ndi nthazi.*

Kuzirwa kwa nthanthi iyi: nthanthi iyi yikambika pakuchiska ŵanthu kuti atenele kovyana pakuchita milimu yawo, kuti yendengi luŵi. Viŵi-viŵi ŵanthu wo kuti avwanana cha atenele kuchitiya vinthu pamoza. Asani mtanthu wabwanganduka, ŵanthu a mizi ya sirya-ndi sirya atenele kovyana, kuti nchitu yichitiki umampha, kweniso mwaluŵi. Chiwira pa Chitonga ndinthowa yakovyiyana kuti nchito yo yenga yikuru yende luŵi, ndi ku pepuka. *Apharazgi* atiti kumara nthazi Satana aKhristu wose atenele kurwana mwaku Chiuta.

Mazu ghaku Chiuta gho ghakhozga nthanthi yeniyi:

(1) **Nthanthi 27:17.** Chisulo chinora chisulo, ndi munthu yumoza wanora munyake.

(2) **Nthanthi 30:25.** Muswa ndi mtundu wakutomboroka, kweni uwunjika kurgha kwake kwa pa chifuko.

Nthanthi 131:   Nkhurande zibaya Njovu

132. Nozga kapasi mwakuti kapachanya kasike

Konkhosko lake: Vinthu vyo vinozgeka umampha vyendi wanduzi wamampha. Mwaviyo chinthu cho utamba umampha chendi wanduzi wamampha. Yipu nchakuzirwa kuphwele vinthu vimana-vimana, chifukwa viziŵa kuŵa vikuru kunthazi.

Tandauzo lake: Asani vinthu uchita umampha ŵanthu nawo atikugomezga. Wezi utamba munthu weche mwanamana pamuzi.

Kuzirwa kwa nthanthi iyi: nthanthi iyi yisambizga munthu kukoleska mlimu wo wenawo mwakuti ŵanthu amugomezgenge. Ŵana ŵa sukulu ŵatenele kufwi-liriyapo ukongwa pa masambiro kuti kunthazi akaŵi akuziza, ndi amagome-zgeka. *Apharazgi* akamba nthanthi iyi kuchiska wanthu kuti asani tikhumba kuti Chiuta watovye, titenele kurongo phamphu. Chiuta watovya munthu yo watijovya yija. Akhristu anozge mitima yawo mwakuti Yesu waselemo.

Mazu ghaku Chiuta gho ghakhozga nthanthi yeniyi:

(1) **ŴaFilipi 2:12.** Viyo na, mwaŵakwanjiwa ŵangu, uli ndimo nyengo zose mwavwiyanga ndi penipo ndinguŵako kwinu pe cha kweni ukongwa limu sono pa kuŵako kwangu kunyake, takatakiyani utaski waku mwaŵeni mu wofi ndi chitenthe.

(2) **Yesaya 38:1.** Mu mazuŵa ghenigha Hezekiya wangutama ndipo wenga pafu-pi kufwa. Ndipo Yesaya mchimi mwana waku Amozi wanguza kwaku iyo, wanguti, "Viyo atiti Ambuya: Nozga umampha nyumba yako; pakuti uka-fwanga, kuti ukachiranga cha."

133. Nthengwa ya ubwezi

Konkhosko lake: A Tonga pakukamba nthengwa yakusomphorana atiti *Nthe-ngwa yadondo*, pakuti njapakweru pa ŵanthu cha. Nthengwa ya viyo nja mu-chigololo, chifukwa palivi chilowolo kupereka ku *nkhoswe* za munthukazi.

Tandauzo lake: Nthengwa yo palivi *chimalo* (*chilowolo*), kupaska nkhoswe za munthukazi. Nthengwa ya uleŵe.

Kuzirwa kwa nthanthi iyi: nthanthi iyi yikambika ndi ŵala, asani anena munthu yo wasompho munthukazi kwambura kuziŵa apapi ŵake, pamwenga *nkhoswe* za munthukazi. Nthengwa yaviyo njamuchibisi-bisi. *Akutaula* mazu ghaku Chi-uta achenjezga munthu, ndikususka nthengwa zaviyo, pakukamba nthanthi yeniyi. Viŵi-viŵi arumba nthengwa zo zikwatiskika pakweru pa ŵanthu, pamwe-nga zo zitenda mundondomeko ya ChiKristu.

Mazu ghaku Chiuta gho ghakhozga nthanthi yeniyi:

(1) **Chiyambo 24:53.** Ndipo muŵanda yo wangutuzga vigwenjere vya siliva ndi golide ndi vyakuvwala, ndi wanguvipaska kwaku Rebeka: wangupaska so ku mzichi wake ndi ku anyina vyakuzganga vya mitengo yikuru.

(2) **2 Samuele 11:4.** Sono Davidi wangutuma mathenga, wangumuto; ndipo wanguza kwaku iyo, ndipo wangulakwa nayo. Pakuti wangutozgeka ku masambi ghake, ndipo wanguwere ku nyumba yake.

(3) **Nthanthi 31:10-11.** Muwoli wamampha njani wangamusaniya? Iyo ngwakuzirwa ukongwa kwakuruska mya yakuzirwa. Mtima wa mrumi wake ugomekezga mwake, ndipo kuti wakasoŵanga chanduwu cha.

(4) **ŴaRoma 7:2.** Chifukwa munthukazi wakuwirwa wamangika ndi dangu ku mrumi wake weche wamoyo; kweni asani wafwa mrumi wake, wafwatulika ku dangu la mrumi wake.

134. Nyifwa nkhugona

Konkhosko lake: A Tonga atiti nyifwa yichita nge nkhugona tulo, muchigomezgu chawo kuti akufwa (Azimu) mbamoyo, ayuka ko atiya, kwachiŵa pamoza ndi *mizimu* ya Ambuyawo, yo yikudanjiya kali. Mazu agha *nchituwo*.

Tandauzo lake: Nyifwa mbumaliye wa umoyo cha. Kwe umoyo ufya kunthazi.

Kuzirwa kwa nthanthi iyi: nthanthi iyi yikambika kurongo kukhwima mtima kwa munthu yo nyifwa yato wakwanjiwa wake. Ndi mazu gha chigomezgo kwakuwo aliya chifukwa cha nyifwa yo yato mubali wawo, kurongo kuti nyifwa ndi nthowa yakuselele ku umoyo unyake. *Akutaula* mazu ghaku Chiuta akhwimiska ŵanthu wo nyifwa yaŵakwaska ndi nthanthi/chituŵu chenichi, kuti nyifwa nkhuruta ku umoyo ufya.

Mazu ghaku Chiuta gho ghakhozga nthanthi yeniyi:

(1) **Yohane 11:11.** Vyenivi wangukamba: ndipo pavuli watiti kwakuwo, "Lazaro, bwezi lidu, wara tulo; sono ndiruta alinga kuti ndikamuyuske ku tulo."

(2) **1 ŴaTesalonika 4:16.** Pakuti Ambuya ŵeneko ŵakasikanga kutuwa kuchanya ndi mdanu, ndi mazu gha mungelo-mura, ndi mbata yaku Chiuta; ndipo ŵakufwiya mwaku Kristu ŵakayukanga danga.

135. Nyifwa ye pose

Konkhosko lake: Nkhunonono ukongwa kuti munthu wathaŵe nyifwa.

Tandauzo lake: Munthu weyose wafwengi asani nyengo yake yakwana.

Kuzirwa kwa nthanthi iyi: nthanthi iyi yikambika panyifwa, yo yamuwoneke munthu kwamabuchi-buchi, nge nyifwa ya ngozi, kutali ndi muzi wake. Pakupembuzga wo akwaskika ndi nyifwa yaviyo, ŵala akamba mazu ghenagha nge nkhu khwimiskana. *Apharazgi* a mazu ghaku Chiuta akamba nthanthi iyi kurongo kuti kose kotiri tigomezgenge Chiuta, chifukwa tiziŵa cha po yitisaniliyenge nyifwa.

Mazu ghaku Chiuta gho ghakhozga nthanthi yeniyi:

(1) **ŴaRoma 5:12.** Viyo, uli ndimo mwa munthu yumoza ulakwi unguserere mu charu, ndi nyifwa pa chifukwa cha ulakwi wo, ndi viyo nyifwa yambukiya pa ŵanthu wose, pakuti wose ŵangulakwa.

(2) **ŴaRoma 14:8.** Chifukwa asani te ŵamoyo, tijariya ŵamoyo ku Mbuya, ndipo so asani titufwa, tifwiya ku Mbuya so: viyo kosekose ta ŵamoyo, chingana titufwa, te ŵa Mbuya.

136. Nyoko ndi nyoko chingana wapunduki

Konkhosko lake: Nchinonono ukongwa kuwa mu charu kwambura anyoko.

Tandauzo lake: Nchamampha cha kupata apapi wo akukupapa.

Kuzirwa kwa nthanthi iyi: nthanthi iyi yichenjezga *Ahurwa* ndi *Asungwana* wo mba mtafu ndi ambura kuvwiya apapi ŵawo, pamwenga ŵala-ŵala. Ndisambizgo kwakuwo akana apapi ŵawo. *Apharazgi* (akutaula) akamba nthanthi iyi pakuchenjezga ŵanthu kuti tingakananga cha Chiuta yo wakutilenga.

Mazu ghaku Chiuta gho ghakhozga nthanthi yeniyi:

(1) **Chituwa 20:12.** "Tumbika Ausu ndi Anyoko, kuti mazuŵa ghako ghaŵenge ghanadi pa charu cho Ambuya Chiuta wako ŵatukupaska."

(2) **ŴaEfeso 6:3.** "Alinga kuti kuŵiyenge iwe umampha, ndipo kuti ujaririyenge nyengo yitali pa charu."

(3) **Marangu 27:16.** 'Watembeke yo wayuyuwa wiske pamwenga nyina.' Ndipo ŵanthu wose ŵanenenge, 'Ameni.'

137. Nyoli yizirwa ndi mavungwa

Konkhosko lake: Nyoli yambula mavungwa yingaziŵika cha kuti ndi nyoli. A

Nthanthi 136:   **Nyoko ndi nyoko chingana wapunduki**

Tonga atiti, munthu yo wendi ŵana wazirwa. Mwaviyo, nthengwa yakukho ndipo pe ŵana, mwakuti alutirizge fuku lawo.

Tandauzo lake: Munthu yo ndi mula wazirwa asani wendi ŵana wo atimovya.

Kuzirwa kwa nthanthi iyi: nthanthi iyi kanandi yikambika kuchiska wo atorana asani palivi ŵana kuti apenjengi zinthowa zakuti akaŵi ndi ŵana. Kanandi nthengwa zipasuka pa chifukwa chenichi. *Apharazgi* akamba nthanthi iyi nge nkhunchiska a Khristu kukoreska chikhristu chawo.

Mazu ghaku Chiuta gho ghakhozga nthanthi yeniyi:

(1) **Yohane 15:1-5.** "Ine ndine mphereska yeneko, Ada mbalimi. Mphanda yose mwaku ine yambura kupasa, atiyipantha: ndipo yose yakupasa atiyitenguliya, mwakuti yipase vinandi. Imwe mwe ŵakutengulika kali chifukwa cha mazu gho ndarongoro namwe. Jani mwaku ine, ndi ine mwaku imwe. Mo mphanda yirive nthazi kujipasiya yija, kwambura kuti yijaririya mu mphereska yo, viyo so chingana ndimwe, kwambura kuti mujaririya mwaku ine ..."

138. Palima mpha moyo

Konkhosko lake: Munthu yo wendi nja walivi nthazi kuti wagwiri nchitu, kweni yo wendi mguto ndiyo.

Tandauzo lake: Chakurya nchakuzirwa chifukwa chipaska nthazi ku munthu.

Kuzirwa kwa nthanthi iyi: nthanthi iyi yichiska awoli kuŵapaska chakurya alumi ŵawo, enga andaruti kwachilima ku munda mwakuti aŵengi ndi nthazi zakulimiya. *Apharazgi* nawo achiska mipingo yawo kupereka ndrama, pamwenga vyakurya, kuti vyovyengi kuliska, muliska wawo. Yehova ndi mliska widu.

Mazu ghaku Chiuta gho ghakhozga nthanthi yeniyi:

(1) **Mateyu 10:9-10.** Mungajitole golide cha, chingana ndi siliva cha, chingana ndi tambala mu malikwamba ghinu cha: katiri wapa nthowa cha, chingana ndi minjirira yiŵi cha, chingana ndi viyatu cha, chingana ndi ndodu cha: chifukwa wanchitu ngwakwenere mpaku wake.

(2) **Marko 5:43.** Ndipo wanguŵalanguliya ukongwa, kuti wangachiziŵa chenichi yumoza cha: ndipo wangukamba kuti kupaskike kurgha kwaku iyo.

(3) **Ŵerengani Marko 6:36-44.** Apa tisambira kuti Yesu wanguŵa ndi chitima pakuwona kuti ŵanthu ŵenga ndi. nja. Mwaviyo wanguliska mzinda ukuru. "Ndipo wachituwa Yesu wanguwona mzinda ukuru, mwakuti wanguŵafwi-

ya lisungu, pakuti ŵenga uli ndi mberere zakuŵura mliska: Ndipo wangwamba kuŵasambizga vinandi. Ndipo lati lateghama dazi ŵasambizi ŵake ŵanguti, 'Malo ghano ndi bozwa, ndipo dazi laruta; ŵawezgeni, kuti ŵarutenge ku minda ndi mizi yakuzunguliya, ŵakajiguliye vyakurgha.' Kweni wakwamuka wanguŵanene, ŵapaskeni imwe vyakurgha.'"

(4) *1 Timote 5:17-18.* ŵara wo ŵateruzga kaunthu ŵenereskeke thumbiku lakuwerezga, viŵi-viŵi wo ŵatakatakiya mu mazu ndi chisambizgu. Chifukwa lititi lembo lo, "Ng'ombe yakupwantha trigu ungayisunamiskanga cha." Ndipo, "Wanchitu ngwakwenere mphotu yake."

139. Panyifwa yangu fuvu lazamtenje

Konkhosko lake: A Tonga akwaskika ukongwa ndi nyifwa. Aziŵa kuti asani munthu wafwa mbanandi wo asuzgikenge ambumba yake, chifukwa wakuwovya ndiyo waluta.

Tandauzo lake: Nyifwa yamunthu yo abale ŵake ajaliyangako ndi kuthamiya chovyo chake, yisweska mtima ukongwa.

Kuzirwa kwa nthanthi iyi: nthanthi iyi yikambika ndi ŵala, pa maliro ghamunthu wakuvwika, nge *fumu* ndi anyake amazina. Nyengo zinyaki yikambika ndiyo ndi mzati pa muzi, kuti asani iyo wangafwa ndikuti suzgu yiselenge pa nyumba, pamwenga pa muzi.

Mazu ghaku Chiuta gho ghakhozga nthanthi yeniyi:

(1) *Luka 19:40.* Ndipo wakwamuka wanguti, "Ndikuneniyani kuti, asani ŵachetamenge aŵa, mya yo yikamburenge."

(2) *Luka 23:28.* Kweni Yesu wangung'anamukiya kwaku yiwo, wanguti, "Mwaŵanthukazi ŵaku Yerusalemu, mungaliriyanga paku ine cha, kweni liriyani paku mwaŵeni ndi pa ŵana ŵinu."

140. Pepa, pepa

Konkhosko lake: Agha ndi mazu ghapemphero gho auskekurufwi akambanga ku *azimu,* achimba manja ghau nge nditauzgo, pamwenga thokozo, pu! pu! Pepa, pepa!

Tandauzo lake: Kuphepheska *azimu* (mizimu yakuwo akufwa) pakupereka ulemu wakumaliya asani chisopu chimala.

Nthanthi 140:   Pepa! Pepa!

Kuzirwa kwa nthanthi iyi: nthanthi iyi nyengo zinu yikambika pa maliro pakuphepheska ŵanthu wo akwaskika ndi nyifwa, pamwenga mzinda wo waza pa maliro. Mwaka mazu agha ghakambikanga pakuŵika munthu wakufwa (chiŵanda). Enga andaŵike thupi abale ŵake azungulizganga muunda. Mazu agha ghakambika mwakuti mzimu wakuyo wafwa uruti mu charu cha *azimu* wo akufwa kali, wo eche kukumbukika ndiwo mbamoyo.

Mazu ghaku Chiuta gho ghakhozga nthanthi yeniyi:

(1) **Wakutaula 6:3.** Asani munthu wabala ŵana machumi pe chumi, ndi kuŵa ndi umoyo wa virimika vinandi, ndi kuti mazuŵa ghavirimika vyake nganandi, kweni umoyo wake kuti ukondwere mu vinthu vyamampha cha, ndipo so muwunda nawo walivi, ndikamba kuti wakupapika kwambura kufikapo pa nyengo yake ngwamampha ukongwa kuruska iyo.

(2) **Mateyu 26:12.** Chifukwa uyu po wapunguliya muro ili pa liŵavu langu, nkhundirongosole kukuŵikika.

141. Po pasamba msambazi ndipo patumwa mkavu

Konkhosko lake: Nyengo zinande akavu ndi akupunduka (achiti) afumba chovyo kwakuwo mbakulemera.

Tandauzo lake: Titenele kovya akususzgika chifukwa tenawo nyengo zose mu mizi yidu. Nawo akhumba chovyo chidu.

Kuzirwa kwa nthanthi iyi: nthanthi iyi yikambika pakuchenjezga wo mbakulemera mu mizi; pamwenga mcharu chidu kuti alimo asauchi ndi achiti, wo titenele kuwovya, munthowa zakusiyana-siyana. Vinthu vyo ise tisaniya, nawo akhumbira kuti mphanyi anguvisaniya. Epa tija pamampha nawo akhumbira kuti mphanyi nge ŵenga pamampha. *Akutaula* mazu ghaku Chiuta achiska ŵanthu kuti atenele kovyana.

Mazu ghaku Chiuta gho ghakhozga nthanthi yeniyi:

(1) **Luka 16:20.** Ndipo kwengaso mukavu yumoza, ndi zina Lazaro, wakumatika vironda, mweniyo watolekiyanga pakhomo la msambasi.

(2) **ŴaRoma 12:13.** Muŵe ŵakusangana nawo mu maukavu gha ŵakupaturika; ŵakutakatakiya wezi ku ŵalendo.

142. Po paswela kambwe pe nkhurande

Konkhosko lake: Asani munthu waswela pa malo, pe chifukwa chake; ndi waka cha. Pamwenga po watanja munthu pe chifukwa chake.

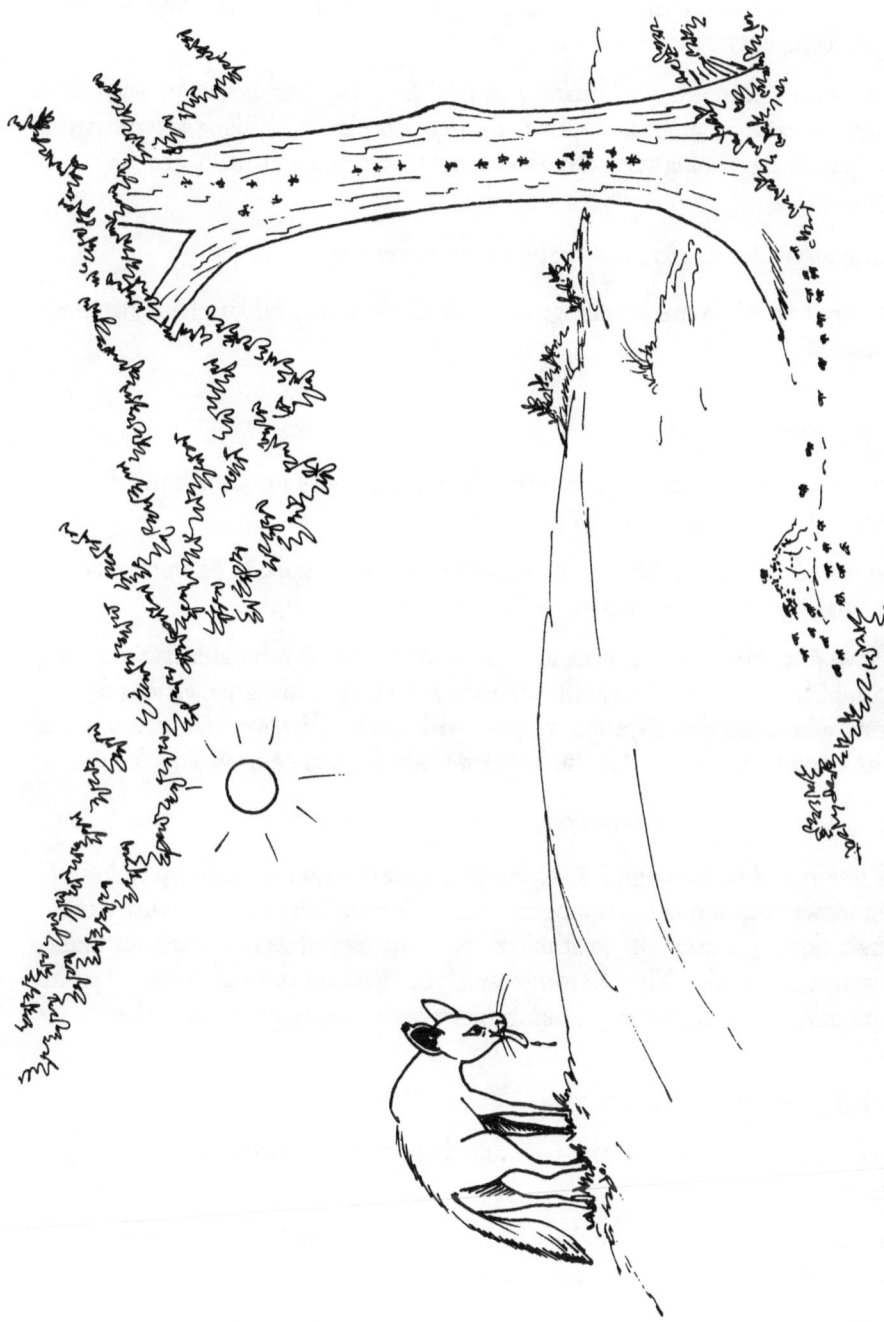

Nthanthi 142: Popaswela kambwe pe nkhurande

Tandauzo lake: Asani munthu watanja kuruta pa malo kaŵi-kaŵi, nyengo yinyake kuvwikenge mbiri yake cho wachitapo.

Kuzirwa kwa nthanthi iyi: nthanthi iyi ndi chenjezgo kumunthu yo waziŵiriya kwenda pa malo ghamoza, mwakuti nyengo yinyake wangadana suzgu. Anyamata, pamwenga asungwana atenele kuchenje kwenda mu malo gho angaziŵa kunyengana.

Mazu ghaku Chiuta gho ghakhozga nthanthi yeniyi:

(1) *Mateyu 24:28.* Kose ko chingaŵa chiŵanda, kweniko ndiku ghaunjikanenge makuŵi.

143. Po pe josi pe moto

Konkhosko lake: Pa chizungu pe nthanthi yakuti, *Palivi usi wo utuwa pambura moto.* A Tonga atiti so, *Po pe bi pe munga.*

Tandauzo lake: Asani ŵanthu akamba-kamba kanthu ndikuti pe uneneska. Po pe ma menu-menu pe uneneska, wo kunthazi uvumbukenge.

Kuzirwa kwa nthanthi iyi: nthanthi iyi yikambika po ŵanthu ateruzga mlandu, mu zimphara. Kurongo kuti asani akabone anandi apanikizga yo wendi mlandu, ndikuti atimuneneske. Nyengo zinyake yicheŵeska *ahurwa* ndi *asungwana* kuleka kwenda pamalo po ŵanthu kaŵi-kaŵi akamba kuti pe urwani.

Mazu ghaku Chiuta gho ghakhozga nthanthi yeniyi:

(1) *Ŵerengani 1 ŴaKaronga 3:23-27.* Apa tingayeruzgiya mo Karonga Solomoni wangweruzgiya mlandu unonono uwa wa ŵanthukazi ŵaŵi. Karonga wanguziŵa kuti yumoza wa ŵanthukazi yo wangukoselezgapo ukaboni wake, wenga mneneska. Viyo Karonga wanguti, "Paskani mwana wamoyo yo ku munthukazi wakudanga yo, mungamubaya cha; iyo ndiyo nyina wake."

144. Po pe ŵaŵi zeru nazu ziŵi

Konkhosko lake: Po pe ŵanthu ŵaŵi asambizgana zeru. Yumoza waziŵa kupereŵele zeru.

Tandauzo lake: Suzgu yipepuka asani pe ŵanthu anande, chifukwa atovyana kusaniya nthowa zakugode suzgu yo yilipu.

Kuzirwa kwa nthanthi iyi: nthanthi iyi yikambika pakucheŵeska munthu yo, asani suzgu yamuwiya wakhumba cha kudana anyake kuti amovyi. Taŵanthu tijaliyana yumoza ndi mnyake. *Apharazgi* a mazu ghaku Chiuta achiska ŵanthu kuzirwa kwakovyana mu mpingo, asani munyawo suzgu yamukwindika.

Mazu ghaku Chiuta gho ghakhozga nthanthi yeniyi:

(1) **Wakutaula 4:9.** Kuŵa ŵaŵi nkhwamampha kwakuruska yumoza, chifukwa mu kutakataka kwawo wendi mphoto yamampha.

(2) **ŴaGalatiya 6:2.** Nyamuliranani mphingu za ŵanyinu, ndipo viyo fiskani dangu lo laku Khristu.

(3) *1* **ŴaKorinte 12:7.** Kweni ku munthu we yose, yumoza-yumoza, kwapaskika uvumbuzi wa Mzimu kwachimovye mu vyamampha vyose.

145. Pundu waruwa cha po wangurya chiwanga

Konkhosko lake: Munthu waruwa cha yo watimovya. Nayo kunthazi watachiwonga.

Tandauzo lake: Kurumba nkhwamampha.

Kuzirwa kwa nthanthi iyi: nthanthi iyi yikambika panyengo yo suzgu yawiya munyake yo wangumovya po nayo wenga musuzgu, kuti ndinyengu yaki nayo kuti wawezge chovyu. Ndichenjezgo so, ku munthu yo waseka munyake yo we pasuzgu, penipo iyo wenga pasuzgu yaviyo wangumovya. Yichenjezga so kuti nchamampha cha kunyoza malo gho ukuwiyako, pamwenga kunyoza ŵanthu wo angukuphwele. *Apharazgi* asambizga kuti tingaruwanga cha Chiuta yo watititaska mu ma unonono.

Mazu ghaku Chiuta gho ghakhozga nthanthi yeniyi:

(1) *1* **ŴaKaronga 12:16.** Ndipo penipo ŵaYisraele wose ŵanguwona kuti karonga wengavi kuŵavwa, ŵanthu ŵangwamuka karonga, "phande lidu ndine kwaku Davidi? Tirivi chihara mu mwana waku Jese. Kaninga ku mahema ghinu, Yisraele mwe! Sono lereska ku nyumba yaku wamweni, Davidi." Viyo ŵaYisraele ŵanguwere ku mahema ghawo.

(2) *Sumu 137:1.* Ku misinji yaku Babiloni, tinguja pasi ndipo tinguliya, tichikumbuka Zioni.

(3) *Hoseya 11:10-11.* Wakarondonga Ambuya, Ambuya akoromenge nge ndi nkharamu, inya akoromenge, ndipo ŵana ŵake ŵakazanga ndi chitenje kutuwa ku zambwe. Ŵakazanga ŵakutenthema nge nthuyuni twakutuwa ku Egipiti, nge ndi nkhunda zakutuwa ku Asiriya, ndipo nkhaŵawezgiyanga ku mizi yawo, atiti Ambuya.

146. Pusi wakukota atimuliska ŵana ŵake

Konkhosko lake: Pusi wakukota walive nthazi kujisaniliya kurya, kuti wendengi, ndikuwuruka ndi nthazi. Muchifukwa ichi ŵana ŵake atimuliska kuti waŵengi ndi nthazi.

Tandauzo lake: Ŵanthu atenele kuphwele apapi, pamwenga abali wo ndi makhongwe.

Kuzirwa kwa nthanthi iyi: nthanthi iyi yisambizga *kuphwele anyidu.* Yichiska *ahurwa* ndi *asungwana* wo alekelezga kuphwele apapi ŵawo, pamwenga abali ŵawo wo akhumba chovyo. Nchamampha cha munthu kujowo mpapi waki chifukwa ndiyo wakukuŵika ku charu. *Apharazgi* a mazu ghaku Chiuta achenjezga ŵanthu kuti aleki kutaya Chiuta wawo.

Mazu ghaku Chiuta gho ghakhozga nthanthi yeniyi:

(1) **Ŵerengani** *nthanu* yaku Yisaki ndi ŵana ŵake, Esau ndi Yakobe. Yisaki pakuŵa khongwe wangudana mwana waki Esau kwachimubayiya nyama mdondo kuti warye: *Chiyambo 27:2-4.* Iyo wanguti, "Awona, nde khongwe kuti nditiliziŵa cha zuŵa la nyifwa yangu. Viyo sono, to vidya vyako, uta wako, ndi muvwi wako, ndipo ruta ku dondo ukandipenje nyama, ndipo undirongosole kurgha kwakununkhira, ulaka ndiko nditanja, ndipo uze nako kwangu kuti ndirghe; alinga ndikutumbike ndenga ndindafwe."

(2) *1 Timote 5:8.* Kweni asani munthu wareka kuŵarongosole limu ŵaku yija, ndi viŵi-viŵi ŵapake pa nyumba, wakana chivwanu, ndipo ndi muheniko kwakuruska mzira chivwanu.

147. Rekani kuruta nayo Chiuta waje penepano

Konkhosko lake: Ili lenga ghanoghano la ŵa Khristu akali wo angupima kuti *Azungu* achiMishoni apinganga Chiuta wawo kose ko endanga. Mu *Mcapu* wa Chitonga mwe mbiri ya *Kurombe Vuwa*.[15] Azungu ati aromba kwaku Chiuta kuti vuwa yizi, po vuwa yingureka kuny'a ku Ungoni mu chirimika cha 1886, vuwa yinguny'adi. Pakuruta *Azungu*, kwawo ŵanthu anguti "Rekani kuruta nayo Chiuta." Ŵanthu angupima kuti Chiuta wenga wa *Azungu* pe.

Tandauzo lake: Engapo ŵanthu anyake wo aghanaghananga kuti Chiuta wenga wa ŵanthu a mitundu yinyake pe.

---

15 "Kurombe Vuwa", *Mcapu wa Chitonga*, pp. 13-14. (Mlembi wa *Mcapu wa Chitonga* waziwika umampha cha).

Nthanthi 146:   Pusi wakukota atimuliska ŵana ŵake

Kuzirwa kwa nthanthi iyi: nthanthi iyi yikumbuskika asani pe unganu ukuru wakurombe vuwa. Nyengo zinyake, asani *apharazgi* akwaska mitima ya ŵanthu ndi mazu ghaku Chiuta, ŵanthu atiti, *Chiuta we mwakuwo*. Ŵanthu aruwa cha minthondwe yo Chiuta wachitiya mu ŵanthu wo ŵendi mzimu waku Chiuta.

Mazu ghaku Chiuta gho ghakhozga nthanthi yeniyi:

(1) **Chiyambo 31:19.** Labani wanguruta kwachisenga mberere zake, ndipo Rakelo wanguba ŵachiuta ŵamu nyumba ya awiske.

(2) **2 ŴaKaronga 5:15.** Sono wanguwere ku munthu waku Chiuta, iyo ndi mpingu wake wose, ndipo wanguza wanguma paurongo pake, wanguti, "Ndiziŵa kuti mulivi Chiuta mu charu chose chapasi kweni mu Yisraele pe: viyo rondani chaulera chakutuwa ku mteŵeti winu."

148. Somba yakuvunda pamumphika yiziŵa kuvundiska zose

Konkhosko lake: Uheni umanavi uziŵa kunanga umoyo wose wamunthu, ndi ŵanyake.

Tandauzo lake: Munthu yumoza yo ndi mheni waziŵa kwananga anyake ŵose wo ŵatenda nawo.

Kuzirwa kwa nthanthi iyi: nthanthi iyi yichenjezga munthu yo watenda ndi mpingo wa ŵanthu ankharo yiheni kuti nayo wanganangika. Ndichenjezgo so kwakuwo ŵendi mazaza kulemba nchitu ŵanthu kuti angasankhanga wo anganananganga nkharo ya anyawo cha. *Apharazgi* ateruzgiya Satana yo wananga ŵanthu anandi mcharu.

Mazu ghaku Chiuta gho ghakhozga nthanthi yeniyi:

(1) **Nthanthi 13:20.** Mweniyo watenda pamoza ndi ŵanthu ŵazeru, wasanduka kuŵa wa zeru, kweni wakukwatikana ndi ŵakupusa wakapotekekanga.

(2) **1 ŴaKorinte 5:6-7.** Kuti nchamampha cha chitumbwa chinu. Asi muziŵa kuti mtupu umanavi utupiska burunga lose? Photoni mtupu wakali wo, kuti muŵe burunga lifya, nge ndimo muliri ŵazira mtupu. Chifukwa phaska lidu nalo libayika, ndilo Khristu.

149. Sonu awiya ose pa msana pe, ndikuti manja pu! pu! pepa, pepa

Konkhosko lake: nthanthi iyi ndi rombo mu kasoperu, ka ŵasekulufwi kali, pakupempha mizimu ya ambuyawo wo akufwa kali kuti apereke chimango ku wo mbamoyo. Munyengo za masuzgu ŵala-ŵala apemphanga *Mizimu* (*Azimu*) kuti yiŵavwe mwakuti masuzgu ghawo ghamale, nge zinthenda, nja ndi zinkhondo. Agomezganga kuti mizimu ya ŵamampha yekufupi kwaku Chiuta.

Tandauzo lake: Alipo ŵanthu wo avwana kuti kugongoweska Mizimu ya ŵakufwa yiziŵa kukalipa kuti amoyo aŵe musuzgu.

Kuzirwa kwa nthanthi iyi: nthanthi iyi yakambikanga pakupereka sembe ku *Azimu*, kuti mizimu yawo yigonenge mu chimango chaku Chiuta, yo ndi *Muzimu Ukuru*, ndikupempha kuti vyamampha vipaskike kwaku wo ŵeche ndi umoyo pa charu.

Mazu ghaku Chiuta gho ghakhozga nthanthi yeniyi:

(1) *Sumu 141:2.* Rondeni rombu langu nge nchakusunkhizga paurongo pinu, ndi kusoska mwa manja ghangu nge ndi sembe ya mazulo.

(2) *Chituwa 20:24.* Mukandizengiyanga ine jochero lakusopiyapo la dongo ndipo muperekenge paku lo mpasku winu wakocha ndi mpasku winu wa chimangu, mberere zinu ndi ng'ombe zinu; mu malo ghose mo ndikachitiskanga chikumbusku cha zina langu ndikazanga kwinu ndi kukutumbikani.

150. Sunga khose, mukanda wazamuvwara

Konkhosko lake: Vinthu vyamampha virinda umoyo wa munthu kunthazi. Muchifukwa ichi, nchinthu chazeru munthu kuphwele umoyo waki.

Tandauzo lake: Munthu watenele kusunga marango gho atimupaska. Munthu wajiphwele kuti vyamampha vyo vitimulindizga kunthazi wazironde.

Kuzirwa kwa nthanthi iyi: nthanthi iyi yicheŵeska munthuyo waghanaghana kuti vinthu vyamampha vizengi, yenga yindakwane nyengo yaki. Mwakweruzgiyapo, ŵana ŵa Sukulu atenele kufwiliriyapo kuti kunthazi akasaniye vyamampha. *Ahurwa* ndi *asungwana* atenele kuvvwiya chichinyiyá cha apapi wawo kuti kunthazi akaje pamampha. *Kuthawiliya nkhufika cha. Apharazgi* acheŵeska ŵanthu kuti kujiphwele nkhwamampha mwakuti vitumbiko vyaku Chiuta uzironde kunthazi.

Mazu ghaku Chiuta gho ghakhozga nthanthi yeniyi:

(1) *Sumu 4:1.* Mundamuke ndichidana, A Chiuta imwe mwe urunji wangu! Imwe mungundipaska malo po ndenga musuzgu. Ndichitiyeni wezi, ndipo vwani rombu langu.

(2) *Nthanthi 6:20-24.* Wa mwana wangu, sunganga marangu gha ausu, ndipo

ungajowonga kusambizga kwa anyoko cha. Uvimangiliye pa mtima wako nyengo zose; uvimangiliye mu khosi lako. Uchenda, vikakurongozganga; uchigona pasi, vikakuvikiliyanga; ndipo asani wayuka vikarongoronga nawe. Pakuti dangu ndi nyale mbukweru, ndipo kuchenjezga pakuvwiya ndi nthowa ya umoyo, kukutuzgako iwe ku munthukazi muheni ku lilime la uteremusi la munthukazi wakunyenga.

(3) **Yesaya 29:19.** Wakuzika wakarondanga chimwemwe chifya mu Ambuya, ndipo ŵasauchi mukati mu ŵanthu ŵakakondwanga mu Mtuŵa Yumoza yo waku Yisraele.

(4) **Mateyu 5:5.** "Mbakutumbikika ŵakuzika: pakuti iwo ŵaharenge panu pasi."

151. Sunga phazi lako ko utenda

Konkhosko lake: Ŵanthu atenele kurongo nkharo yamampha, pamwenga majalidu ghamampha kose ko atenda, pamwenga ko aja.

Tandauzo lake: Munthu watenele kurongo nkharo yamampha pa mzinda ndikujiteska chose cho wachita.

Kuzirwa kwa nthanthi iyi: nthanthi iyi yikambika pakucheŵeska munthu yo wachita maluso ghaheni gho ghaziŵa kunanga zina lake. *Apharazgi* akamba nthanthi iyi pakuchiska ŵanthu kuja jalidu lakukondweska, ndikukuzga zina laku Chiuta.

Mazu ghaku Chiuta gho ghakhozga nthanthi yeniyi:

(1) **Wakutaula 5:1.** Sunga kenderu kako pakuluta ku nyumba yaku Chiuta; kundere kufupi kutegherezga nkhwamampha kwakuruska kupereka sembe za wakupusa; pakuti waziŵa cha kuti wachita uheni.

(2) **Luka 10:11.** Fuvu nalo lamu muzi winu, lakukaniriya kwaku ifwe, tikung'unthiya imwe, ziŵani mbwenu chenichi, kuti waŵandika ufumu waku Chiuta.

(3) **ŴaEfeso 5:5.** Chifukwa namwe muziŵiska chenichi, kuti chingana ndi mureŵi yose, chingana ngwawiyu, chingana ngwachiŵinu, yo ndi msopangoza, walive chihara mu ufumu waku Khristu ndi Chiuta.

(4) **1 ŴaKorinte 10:31-32.** Viyo chingana muturgha, chingana mutumwa, chingana muchitanji, chitiyani vyose ku unkhankhu waku Chiuta. Mungaguŵiska ŵaYuda, chingana mbaGriki, chingana ndi mpingu waku Chiuta cha.

152. Te ŵaranda

Konkhosko lake: 'Mlanda' pa Chitonga ndi mwana yo apapi ŵake akufwa. Asani kwe chilala, vuwa kulivi, ŵanthu aja nge *mbalanda* chifukwa cha nja. Nyengo zinyake *mlanda* ndi munthu yo walivi weyose wakumuphwele.

Tandauzo lake: ŵanthu wose pa charu aja nge mbalanda asani vuwa yakana kuza, chifukwa chakurya chisoŵa. Nyumba yo yilivi kurya njilanda.

Kuzirwa kwa nthanthi iyi: nthanthi iyi yikambika nge rombo, pakuromba Chiuta kuti wapereke vuwa kuŵanthu ŵake. Kenga kasopero kamwaka mu uTonga, chenga chindaze chi Khristu. Sonu napo *apharazgi* pakupempha Chiuta kuti wapereki vuwa alongo chinthuzithuzi chenichi, kuti ŵanthu mbaranda asani vuwa kulivi, ndipo asani chilala chasele mu charu.

Mazu ghaku Chiuta gho ghakhozga nthanthi yeniyi:

(1) *Yoswa 1:5.* Paulengevi munthu mweniyo wakaziŵanga kuma paurongo pako mu umoyo wako wose; nge ndimo ndinguŵiya pamoza ndi Mosese, ndimu ndikaŵiyanga ndi iwe, kuti ndikakujowonga cha.

(2) *Sumu 27:9.* Mungabisanga kwaku ine chisku chinu. Rekani kudikiya kutali mtêŵeti winu mwaukari, imwe munguŵa chovyo changu. Mungandisiyanga kutali, rekani kundisiya, A! Chiuta wachipozomosko changu!

153. Tilakata nge maluŵa

Konkhosko lake: Nyifwa yazala mazuŵa ghano. Taŵanthu titufwa nge nyoli, pafupi-pafupi. Viŵi-viŵi chifukwa, cha nthenda ya *kaonde-onde*, yo yazala mcharu. Chithuzithuzi nchakuti, mo maluŵa ghalakatiya asani lumwi laŵaliyapo, ndimu umoyo nawo umaliya viyo.

Tandauzo lake: Umoyo wa munthu ujaliska cha, ngwa nyengo yimanavi.

Kuzirwa kwa nthanthi iyi: nthanthi iyi yikambika pa maliro, asani nyifwa zaŵa pafupi-pafupi. *Akutaula* mazu ghaku Chiuta akamba nthanthi iyi nge nkhuchenjezga ŵanthu kuti aleki kuchita uheni, chifukwa nyifwa yiŵapulutuwenge. Umoyo wenge ndi luŵa lo livwalira, kweni asani mphepo zaza, pamwenga nthenda yaza umoyo umara asani munthu wafwa.

Mazu ghaku Chiuta gho ghakhozga nthanthi yeniyi:

(1) *Sumu 103:15-16.* Kwakulingana ndi munthu, mazuŵa ghake ghe nge mbuteka; watipitiya ulaka ndi luŵa lamu dondo. Po mphepo yiputapo, ilo laruta palivi, ndipo palivi yo watiliwona so.

(2) *1 Petro 1:24*. Chifukwa kuti, "Munthu yose we uli mbuteka, ndi unkhankhu wake wose uli ndi luŵa la uteka. Uteka wo umira, ndipo luŵa lake limota."

154. Tiruta msana wale, kurondo anyido

Konkhosko lake: Pa Chitonga pe mwambu wakuti *azukuru* (wo avwarika thupi, pamwenga wo aŵika thupi mumuunda), enga andato thupi kuruta nalo kwa chiŵika, akamba nthanthi yeniyi. Nchiziŵisku ku uteki wo waza panyifwa kuti chiŵika chiliko zua lo.

Tandauzo lake: Tiruta nayo nyifwa kwachiŵika msana wale. Tamwika mnyido musana wale.

Kuzirwa kwa nthanthi iyi: nthanthi iyi yikambika ndi *Azukuru* pazua lakuŵikiya nyifwa. *Akutaula* mazu ghaku Chiuta akamba nge nkhuchenjezga ŵanthu kunozgeka, mwakuti asani ulendo wanyifwa waza akakumane ndi Ambuya. Nyifwa mbulendo, kuti mbumaliye wa umoyo cha.

Mazu ghaku Chiuta gho ghakhozga nthanthi yeniyi:

(1) *Chituwa 13:19*. Ndipo Mosese wanguto viwanga vyaku Yosefe pamoza nayo, pakuti Yosefe wangurapiska kwakuneneska ŵaYisraele kuti, "Chiuta wakachezganga namwe, viyo mukapinganga viwanga vyangu pamoza namwe."

(2) *Wakutaula 12:5*. Watopa so cho nchapachanya, ndipo vyakofya vye mu nthowa; muti wa zobala uchita maluŵa, phanana waruta kwakuzendazenda ndipo linweka limara; chifukwa munthu waruta ku muzi wake wa muyaya, ndipo wakutenje watendatenda waka mu ŵagurwi.

(3) *Luka 12:40*. Namwe so muŵe ŵakurongosoleka; pakuti mu ora lo mulive kughanaghana ndimo mwana wa munthu wakaziyanga.

155. Ubwezi ngwaŵaka, kanthu ubali

Konkhosko lake: Pa Chitonga pe nthanu yakuti, *Ubwezi*.[16] Yengapo Fumu yo yingumara chuma chake pa bwezi laki, ndikujowo abali ŵake wose. Fumu yati yayesa bwezi lake, kuti wawone vinu lingawovya pa nyifwa yake. Bwezi lake lingutondeka. Pavuli fumu yinguwamu kuti abali mbakuzirwa kuruska mabwezi.

Tandauzo lake: "Ubali umara cha, ubwezi umara ndi uziŵa kukorana ndi munyake"

---

16 F.K. Chirwa, *Nthanu za Chitonga*, pp. 80-83.

Kuzirwa kwa nthanthi iyi: nthanthi iyi yikambika pakuchenjezga munthu yo wamaliya vyuma vyake pa ma bwezi ghake, ndikuruwa abali ŵake wose. Asani suzgu yakufikiya mabwezi ghathaŵa, kweni wo atikutamizga mbabali ŵako, pamwenga muoli/murumi wako. Nyengo zinyaki yikambika pakuchenya munthu yo wapenja chovyo, asani chuma chake chose chamaliya mu anyake wo wendanga nawo.

Mazu ghaku Chiuta gho ghakhozga nthanthi yeniyi:

(1) **Sumu 41:9.** Nanga ndi mwanasi wangu wapa mtima mwaku mweniyo ndingugomekezga, yo wangurgha kurgha kwangu, nayu so wandisoske chitende chake.

(2) **Jobu 19:14.** Ŵabali ŵangu ŵapafupi ndi mabwezi ghangu ghapa mtima ŵandireka.

156. Ubwezi wa mbavi wambura kurumba mbuyaki

Konkhosko lake: Munthu yo utovya ndiyu watikuyukiya. Yo utanja ndiyu ŵatuŵamurwani wako.

Tandauzo lake: Ndi munthu yo kuti warumba cha, nanga umuchitiye chamampha, pamwenga iwe utumwanja.

Kuzirwa kwa nthanthi iyi: nthanthi iyi yikambika nge nkhuchenya ŵanthu wo awezge uheni anyawo, kwambura kurumba umampha wo yiwo anguŵachitiya. Nchisambizgo kuŵanthu ambura kurumba. *Apharazgi* a Mazu ghaku Chiuta, achenjezga ŵanthu kuti atenele kumurumba Chiuta pa vyamampha vyo watiŵachitiya chifukwa iyo watitanja ukongwa.

Mazu ghaku Chiuta gho ghakhozga nthanthi yeniyi:

(1) **1 Samuele 16:21-22.** Davidi wanguti wafika kwakŭ Sauli wangwamba kumutewete. Sauli wangumwanja ukongwa Davidi, ndipo wangumuŵika kuŵa wakupinga vidya vyake. Viyo Sauli wangutuma kwaku Jese, wakuti, "Zomera kuti Davidi wajaririye pakunditeŵete, pakuti wasaniya wezi mu maso ghangu."

(2) **1 Samuele 18:10-11.** Kunguti kwacha ndi mlenji mzimu uheni ungumufikiya Sauli kutuliya kwaku Chiuta, ndipo wabwebwetanga mu nyumba yake, po Davidi wambanga kaligu; nge ndimo wachitiyanga mazuŵa ghanyake; Sauli wenga ndi mkondo mu janja lake. Ndipo wangupong'a mkondo, pakuti waghanaghananga, "Ndimukandirizgiyenge Davidi ku chimati." Kweni Davidi wangupozomoka kaŵi.

(3) *Luka 22:47-48*. Wenga weche kurongoro iyo, awonani, mzinda, ndi yo wata-
mulika Yuda, yumoza wa chumi ndi ŵaŵi, waŵadanjiriyanga; wanguti kwaku
iyo, "Yuda, kumbi upachiya Mwana wa munthu ndi mufyofyonthu?"

157. Uchiŵinda ukamba wako

Konkhosko lake: Pe nthanu yo yisambizga kuti kukamba vya anyako uku vyaku
nawe wenavyo, nchiheni. "Muŵinga-nyama wangukumana ndi nkharamu yo na-
yo yaŵinganga. Nkharamu yingumupangizga kusunga chisisi yati yabaya mwana
wa Fumu. Kweni muŵinga-nyama wangwachisumuwa, uku nkharamu nayo po
yingubisama yavwanga. Zua linyake nkharamu yati yakumana nayo yingumu-
khakhanya." Wangujibayiska chifukwa chakukamba vya munyawo.

Tandauzo lake: Munthu watenele kuphwele cho wachita mu umoyo waki.
Tingakambanga vya anyidu cha penipo nase vidu tenavyo.

Kuzirwa kwa nthanthi iyi: nthanthi iyi yichenjezga munthu yo wendi nkharo
yakuŵika anyake mu suzgu, penipo yiyu nayo ndi mheni. Ala achenjezga ŵanthu
kuti kusuza munyako nkhuheni. Yisambizga so *ahurwa* ndi *asungwana* kusu-
nga chisisi ndi phangano mwakuti ajengi amagomezgeka.

Mazu ghaku Chiuta gho ghakhozga nthanthi yeniyi:

(1) *Nthanthi 24:28*. Ungachitiyanga ukaboni wakususka muzengezgani wako
kwambura kafukwa, ndipo ungapusikanga cha ndi milomo yako.

(2) *Mateyu 7:3-5*. Ndipo ulereskiyanji kachipandi kamu jiso la mbali wako, kwe-
ni munthambi wamu jiso lako kuti utiwupima cha? Pamwenga ungamunene
uli mbali wako, Aka, ndituzgemo kachipandi ko mu jiso lako; penipo mu-
nthambi we mu jiso lako? Wakufuvya iwe, tuzgamo danga munthambi wo
we mu jiso lako, sono ndipo uwonenge kutuzgamo mu jiso la mbali wako.

158. Uku-vyanowa uku-vyanowa, pusi wanguwa chagada

Konkhosko lake: Munthu watenele kusankha chinthu chimoza panyengo. Pa
Chitonga pe nthanu, ya 'mbunu yaku Pundu',[17] yo yisambizga kuti kusuka
nkhuheni, pamwenga kuti mbunu yibayiska. Pundu wanguphwatuka chifukwa
chakusankha kuruta nthowa ziŵi. Chifukwa kunthowa zose ziŵi kwatuwanga
fungo lamampha, la chakurya chaki.

---

17 *Nthanu za Chitonga*, pp. 33-36.

Tandauzo lake: Munthu yo ndi mheni watachikoreka. Tinganena so kuti, *mbunu yibayiska.*

Kuzirwa kwa nthanthi iyi: nthanthi iyi yisambizga *ahurwa* ndi *asungwana* kuti pakusankha chinthu mu umoyo wawo atenele kusankha kwa zeru. Nyengu zinyake ndichenjezgo kwakuyo wakoleka pa uheni. Yicheŵeska so wo mbasusi (akusuka), ndipo *mbasyoghi* (akuphanga vya anyawo mwa chinyengo), kuti nkharo yaviyo njiheni. *Apharazgi* a Mazu ghaku Chiuta achenjezga Akhristu kuti aleki kurondo uheni ndivya charu. Kweni avwane mwaku Yesu. *Mbunu njiheni yitaya mwakundawona.*

Mazu ghaku Chiuta gho ghakhozga nthanthi yeniyi:

(1) **Nthanthi 15:27.** Yo ngwa kasu chifukwa cha kwanduwa kwakupusika watole suzgu pa ŵanyumba yake, kweni mweniyo watinkha vinda wakaŵanga wamoyo.

(2) **Mateyu 6:24.** "Palive yumoza waziŵa kuteŵete ambuya ŵaŵi: chifukwa pamwenga wamtinkhenge yumoza, ndi wamwanjenge munyake; pamwenga wajiperekenge ku yumoza, ndi wamtozenge munyake. Kuti muziŵa kuteŵete Chiuta ndi chuma so cha."

(3) *1 ŴaKorinte 10:20-22.* Awa na, vyo ŵamitundu ŵabaya, ŵabayiya ŵademone, kuti ŵabayiya kwaku Chiuta cha. Kuti ndikhumba imwe kuŵa ŵakusangana ndi ŵademone cha. Kuti muziŵa cha kumwa chandi cha Mbuya ndi chandi cha wademone: kuti muziŵa cha kusanganapo gome la Mbuya ndi gome la ŵademone. Pamwenga tisosomole Mbuya ku sanji, kumbi? Kumbi te ŵanthazi ifwe kwakuruska iyo?

159 Ulemu ubaya

Konkhosko lake: A Tonga endi nthanu zinande zakusambizga kuti wezi nyengo zinyake ubayiska. Pe nthanu yakuti, *Kalulu* yo wangovya njoka kuyituzga muchiŵana, kweni pavuli paki njoka yingung'anamuka kukhumba ku muruma.

Tandauzo lake: Alipo ŵanthu anyake wo kuti arumba cha ulemu wo munyawo waŵachitiya.

Kuzirwa kwa nthanthi iyi: nthanthi iyi yichenjezga ŵanthu kuti ateskengi pakovya munthu chifukwa amukovya yo ndi munkhungu, pamwenga mubali wako yo nkharo yaki njiheni. Ŵanthu anyake arongo nge ndimabwezi ghakugomezgeka kukhumba chovyo, kweni ndiwo so kunthazi akukupweteka. *Ahurwa* ndi *asungwana* muleki kuseŵe ndi kumaliyapo vinthu vinu pa mabwezi ghenigho ngambura kugomezgeka. Titenele kuteska munthu yo titovya, vinu kunthazi wakutiyukiya.

Mazu ghaku Chiuta gho ghakhozga nthanthi yeniyi:

(1) *Yohane 11:53.* "Viyo kwanda ku zuŵa leniliya ŵangupangirana kumubaya." Yesu wangurongo ulemu, kweni kuŵanthu chenga chiheni.

(2) *Ŵerengani Machitidu gha Ŵakutumika 16:1-24.* Apa napo tisambira kuti, po Paulo ndi Sila ŵenga kucharu chaku Afilipi angumangika chifukwa cha-kuchizga musungwana yuwa wenga ndi mzimu uheni. Angusuzgika chi-fukwa cha ulemu wo anguchita.

160. Umoyo wa munthu ndi Chiuta

Konkhosko lake: Ichi nchigomezgo cha a Tonga kuti chiyambo cha umoyo wa munthu ndi Chiuta. A Tonga avwana kuti Chiuta ndi *Mzimu Ukuru*, wo kuti uwoneka ndi masu cha. *Chiuta ndi Mzimu.*

Tandauzo lake: Chiuta ndiyo wataska mzimu wa munthu yose. Munthu wajari-ya Chiuta.

Kuzirwa Kwa nthanthi iyi: nthanthi iyi yikambika pakuchenjezga munthu kuti watenele kuphwele umoyo wake, chifukwa mwenecho wa umoyo ndi Chiuta. *Akutaula* mazu ghaku Chiuta achenjezga ŵanthu wo kuti aphwele umoyo wawo cha; kuti atenele kugomezga Chiuta yo wataska ku ŵarwani wo alimbana ndi umoyo wawo.

Mazu ghaku Chiuta gho ghakhozga nthanthi yeniyi:

(1) *Sumu 116:4.* Sono ndingudana ku Ambuya, "Chondi, Ambuya, nditaskeni!"

(2) *Mateyu 10:26-31.* Viyo mungopanga wo cha: Chifukwa palive kakuvuniki-rika ko karekenge kuvunulika; ndi kakubisika ko karekenge kuziŵikwa. Cho ndikuneniyani mu mdima, kambani pakweru, ndipo cho mutuvwa mu ma-kutu kwakutokotezga memezani pa mabagha. Ndipo mungopanga cha wakubaya liŵavu, kweni mbakuura nthazi kubaya mzimu: ukongwa mo-penge yo ngwanthazi kwananga mzimu nawo ndi liŵavu mu gehena. Asi twaphwitu tuŵi tugurika katambala kamoza? Ndipo kuti kamoza kaku to kawenge pasi cha, kwambura khumbo la Auskemwe. Kweni masisi nagho gha mutu winu ghaŵerengeka ghose. Mungopanga cha; imwe muruska twa-phwitu tunandi?

(3) *Luka 12:17-20.* Ndipo wajipimiyanga mwaku yija, wakuti, 'Ndichitenge chi-

ne, pakuti ndirive po nkharonganga vipasi vyangu?' ndipo wanguti, 'Chenichi ndichitenge; nkhapanyuwanga nkhokwe zangu, ndipo nkhazenganga zikuruku; ndipo mwenimo nkharonganga mbutu yangu yose ndi vyuma vyangu. Ndipo ndineniyenge mzimu wangu, Wamzimu, we navyo vyuma vinandi vyakuŵikikiya ku virimika vinandi; pumuwapo; irgha, imwa, kondwa.' Kweni Chiuta wanguti kwaku iyo, 'Wakupusa we, usiku uno wawufumbiyenge mzimu wako; ndipo vyenivyo warongoso, viŵenge vyaku yani?

161. Umoza ndi nthazi

Konkhosko lake: Po pe unande pe kupunda.

Tandauzo lake: Umoza ndi nthazi. Po pe chimangamanga pe nthazi ndi kovyana.

Kuzirwa kwa nthanthi iyi: nthanthi iyi yikambika pakuchiska ŵanthu kuti ŵaŵe pamoza, chenicho nchinthu chakuzirwa ukongwa, chifukwa kulivi yo wangamuparyanani. Chimangamanga ndi nthazi zikuru pa muzi; chifukwa po pe umoza pekugomezgana. Ndichu chifukwa *apharazgi* akamba nthanthi iyi pakuchiska, pamwenga kuchenjezga aKhristu kuchitiya pamoza milimu ya Ekeleziya (Charichi). Asani Ekeleziya lagaŵanikana, Satana wasele luŵi kupasuwa ŵanthu.

Mazu ghaku Chiuta gho ghakhozga nthanthi yeniyi:

(1) *Wakutaula 4:12.* Nanga yumoza wangamuruska munyake pakumikana nayo, kweni ŵaŵi ŵakamuruskanga, chingwe cha mitegha yitatu kuti chidumuka luŵi cha.

(2) *Marko 10:7.* Chifukwa chenichi munthurumi walekenge awiske ndi anyina, ndi wakwatikanenge ndi muwoli wake.

162. Ungabizgangapo chikumbu cha, njoŵi yijengi penipo

Konkhosko lake: Munthu wapime danga wenga wandazomerezge chinthu cho chiziŵa kudana suzgu pa umoyo waki, pamwenga pa anyake.

Tandauzo lake: Munthu watenele kusosombeka, pamwenga kuseleriyapo bweka cha kwambura kuteska danga chinthu, chingana waziŵe cho chichitika.

Kuzirwa kwa nthanthi iyi: nthanthi iyi yikambika pakuchenjezga ŵanthu kuti angaseleriyangapo bweka cha po peviwawa, chifukwa suzgu ya pavuli yiziŵa kuŵa yikuru. Ndipuso nchamampha cha kusosombeka munthu yo kuti utimuziŵa umampha cha. *Akutaula* mazu ghaku Chiuta akamba nthanthi iyi pakuche-

138

njezga ŵanthu kuti nchamampha cha kusosombeka Chiuta, chifukwa aziŵa kuji-
daniya suzgu.Ndipu tisambira so panthanthi yeniyi kuti nchamampha cha kuzo-
meriyano bweka chinthu cho kunthazi chikutoliyeninge ku urwane.

Mazu ghaku Chiuta gho ghakkhozga nthanthi yeniyi:

(1) *Sumu 106:29.* Ndi nchitu zawo ŵanguyuska ukari wa Ambuya, ndipo nthe-
nda yakofya yingubuka mukati mwawo.

(2) *Sumu 106:32.* Pa visima vyaku Meriba ŵanthu ŵa Ambuya ŵanguŵakaripiska
so, ndipo Mosese wenga musuzgu pa chifukwa chawo.

163. Ungawona chipeli po chapo pachanya, pasi peche moto

Konkhosko lake: Pachanya *chipeli* (nthamba) chakubika chiwoneka nge chilivi
fukunyira (kufunda). Kweni kuti munthu waselezgepo chikumbu waziŵa kufyo-
poka. Kawonekedu kake kapusika ŵaka, pasi pe urwani.

Tandauzo lake: Munthu watenele kuchenje ndi ŵanthu, chifukwa anyaki awo-
neka pa maso nge mbamampha kweni mukati mu mtima mbarwani. Nyengo
zinyake munthu warongo nge ndi bwezi nade, kweni ndimrwani, kukhumba ku-
kombo umoyo wako.

Kuzirwa kwa nthanthi iyi: nthanthi iyi yikambika pakucheŵeska (kuchenjezga)
munthu yo watenda, pamwenga kuchita vinthu, ndi munthu yo ŵatimuziŵiska
cha nkharu, pamwenga umoyo wake. Munthu yo upima kuti wareka maluso
ghaheni gho wachitanga, kweni wazamukwamba so. (Wonani so nthanthi 153)

Mazu ghaku Chiuta gho ghakhozga nthanthi yeniyi:

(1) *Nthanthi 26:24.* Mweniyo watinkha wabisa ndi milomuyake ndipo wabisiri-
zga kupusika mu mtima wake.

(2) *Mateyu 7:15.* "Cheŵani ndi ŵamchimi ŵatesi, ŵeniwo ŵatuza kwaku imwe
mu kavwaridu kamberere, kweni mukati ndi mphumphi zakufyonkhonyo."

164. Ungawona masu gha chulu ghatema kweni lo liulika ndimoza

Konkhosko lake: Ndi nyengo zose cha asani *chiduli* chatema kuti mbulika ziu-
lika, chingana ŵanthu angazikhazga, pamwenga kusindiya chiduli ndilwana.

Tandauzo lake: Munthu watenele kusambira kulinda chinthu mwakuzizipizga.
Chifukwa Kuzizipizga kudana chimwemwe.

Kuzirwa kwa nthanthi iyi: nthanthi iyi yichenjezga wo aphula-phula pakukhumba kanthu, kwambura kujiko danga. *Ahurwa* ndi *asungwana* atenele kuŵa ndi mtima wakuzizipizga. Asani phangano lo tapangana ndi anyido lifiskika luŵi cha nkhwamampha kulindizga ndi chizizipizgo, ndipu so ndichigomezgo.

Mazu ghaku Chiuta gho ghakhozga nthanthi yeniyi:

(1) **Ŵakutaula 3:1.** Kanthu kose kendi nyengo yake, ndi nyengo ya kafukwa ke kose pasi pa charu.

(2) **ŴaRoma 12:12.** Ŵakukondwa mu chigomezgu; ŵakukunthiyapo mu suzgu; wakufwiririyapo mu kuromba.

165. Uryiyengi wima

Konkhosko lake: Munthu yo walivi chikhazi chifukwa cha chinthu cho wachita pamwenga chachitika.

Tandauzo lake: Munthu wambura chimango, pamwenga wambura kukhazikika. Muntu yo wasuzgikenge.

Kuzirwa kwa nthanthi iyi: nthanthi iyi ŵala-ŵala akamba nge ndichenjezgo kumunthu yo wagomezga munyake yo waziŵa kumusiliya suzgu yikuru. Nyengo zinyake yikambika pakuchenjezga munthu yo wanyoza yo watimovya; chifukwa asani yo watimovya wafwa, iyo wasuzgikenge, paku ulavi chikhazi cheneko.

Mazu ghaku Chiuta gho ghakhozga nthanthi yeniyi:

(1) **Chiyambo 4:12-14.** Uchilima nyata, kuti yikawerezgangapo so cha kukupaska nthazi yake: ukaŵanga wakuthaŵathaŵa ndi wakuyingayinga pa charu chapasi. Kaini wanguti ku Ambuya, "Kulangika nkhukuru kwakuruska mo ndingakunthiyapo. Awonani, mwandidikiska msana wale ku nyata; ndipo ndikabisikanga chisku; ndipo ndikaŵanga wakuthaŵathaŵa ndi wakuyingayinga pa charu chapasi, ndipo we yose wakundisaniya wakandibayanga."

(2) **Nthanthi 7:1.** Wa mwana wangu, sunganga mazu ghangu, ndi uŵike mbiku marangu ghangu mwako.

(3) **Mateyu 27:3-5.** Sono Yuda, yo wangumpachiya wachiwona kuti wasuskika, wangujipezga, ndi wanguwezge ŵazukuru-ŵara ndi ŵara vyasiliva vyo machumi ghatatu wakuti, "Ndalakwa, ndawakupachiya ndopa zizirakalema." Kweni iwo ŵatinge, "Nchine, kwaku ifwe? Kweniko wamweni." Ndipo wati wapong'a pasi vyasiliva vyo mu kasopi, wanguruta; ndipo wakutuwako wangujigwinjiriya.

166. Uyu ndi chimbwi

Konkhosko lake: Chimbwi pa Chitonga ndi munthu mweniyo wateska luŵi nyi-fwa yepafupi kuza pa munthu yo ngwakutama, nge po *Pundu* wanuskiya luŵi ko kwe chinthu cha chivuzi. Ŵanthu anande atiti pundu walota ko kwe nyama yaku-fwa. Munthu waviyo nyengo zinyake atimudana kuti ndi *muzukuru* ndi mwe-niyo so watovyana ndi *azukuru* anyake kusuka, ndikwachiŵika nyifwa/chiŵa-nda/chizizizi.

Tandauzo lake: Munthu wavinjeru yo waziŵa kawonekedu ka munthu yo we pafupi kufwa.

Kuzirwa kwa nthanthi iyi: nthanthi iyi ndi *thokozo* kuŵanthu wo ndi nkhwa-ntha zakuteska mo munthu watufwiya mwakuti amovye luŵi pakunyuzuka ndi pakuzilirika kwake asani mzimu umara. Munthu waviyo wendi chiganga, chifu-kwa nyifwa yitenthemeska. Titenele kovya anyidu wo asuŵiliya uheni enga anda-fwe kuti aziŵe Chiuta.

Mazu ghaku Chiuta gho ghakhozga nthanthi yeniyi:

(1) **Ŵerengani Luka 23:50-53.** Tisambira kuti Yosefe waku Arimataya ndiyo ŵe-nga muzukuru kuŵika thupi laku Yesu mu muunda wati wawona kuti Yesu wafwadi: Ndipo onani, munthu ndi zina Yosefe, waupu, munthu wama-mpha ndi murunji (wengavi iyo kuzomerezgana ndi fundu ndi nchitu za-wo), waku Arimataya, muzi wa ŵaYuda, mweniyo walerezenga ufumu waku Chiuta; mweniyo wangwachifika kwaku Pilato, ndipo wangupempha thupi laku Yesu. Ndipo wanguti walipauwa, wangulifunga mu bafuta, ndipo wa-ngumuŵika mu muunda wakuchongeka mu mwa. Mwenimo mwengavi ku-ŵikikamo yumoza kali.

(2) *Yohane 19:39-40.* Ndipo Nikodemu nayo, yo wanguza kwaku Yesu ndi usi-ku pa mtendeku, wanguza pamoza ndi Yosefe, wakupinga chikasi cha muro cha uzitu akhumba wa myesu machumi pe chumi, ndi vyankhanya. Viyo wanguto thupi laku Yesu, wangulifunga mu saru zabafuta pamoza ndi vya-chema vyo mo liriri lusu la ŵaYuda lakuŵikiya.

167. Vimiti vyo vye pamoza vileka cha kuchita ng'wema

Konkhosko lake: Asani titenda mu matundu tituvwa kuliya kwa vimiti vinyake vyo vikufyekana pamoza. Asani mphepo yiputa vikwenthana. Tidana kuti ng'wema.

Tandauzo lake: Kanandi ŵanthu wo aja pamoza mpaka akwiyiskanepo, kweni asani agowokiyana vimara.

Kuzirwa kwa nthanthi iyi: nthanthi iyi yichiska ŵanthu wo apindikana chifukwa cha vyakuŵeleŵeta kuti atenele kugowokiyana, ndikuja so pamoza. Kanandi nthanthi iyi yikambika muzimphara ndi akweruzga milandu, kuŵachenjezga ŵanthu. *Apharazgi* achiska Akhristu kugowokiyana asani ayambana pakanthu ko kachitika.

Mazu ghaku Chiuta gho ghakhozga nthanthi yeniyi:

(1) **Ŵerengani Luka 10:38-41.** Tisambira kuti Marita ndi Mariya angukwiyiskana. Marita wangughana-ghana kuti Mariya wanguphwele cha kumovya kubika po Ambuya Yesu anguza kwazichezga nawo kubwezi lake Lazaro. Yesu wanguŵayeruzga kuti wose angumuchitiya umampha.

(2) *Luka 10:40-41.* Ndipo Marita watangwanikanga ndi uteŵeti unandi; ndipo wakufika wanguti, "Ambuya, asi mphwele kuti mhurwa wangu wandisiya kuteŵeta ndija? Muneniyeni kuti wawovyani nane?" Kweni wakwamuka Mbuya wanguti kwaku iyo, "Marita, Marita, ukweŵeke ndi usuzgikiya pa chifwa cha vinthu vinandi."

(3) *ŴaKolose 3:13.* Muŵe ŵakukunthiriyana ndi ŵakurekiyana, yumoza ndi munyake; asani munthu wangaŵa ndi kafukwa pa munyake uli ndimo Ambuya agowoke imwe, namwe so muchite viyo.

168. Vitotoka vigona mu chikutu chimoza cha

Konkhosko lake: ŵanthu ŵamuzi umoza angapamba cha kuyambanapo, pamwenga kupindikana.. (Wonani so nthanthi 93)

Tandauzo lake: Muzi umoza kuti ulamulika ndi mafumu ghaŵi cha.

Kuzirwa kwa nthanthi iyi: nthanthi iyi yisuska wo awayuwa, pamwenga kulimbana ndi urongozgi wa anyawo, mu muzi umoza. Kungaŵa cha, kuti mose muŵe amazaza. Chingana ndi munyumba asani mwe viwawa muoli wathele ku mulumi waki, pamwenga munthurumi wathele ku muoli waki. ŵakhristu ŵasambizgika kuthera panthazi paku Yesu Khristu.

Mazu ghaku Chiuta gho ghakhozga nthanthi yeniyi:

(1) *Mateyu 12:25.* Kweni Yesu, pakuziŵa marunguruku ghawo, wanguti kwaku wo, "Ufumu wose wakugaŵikana paku wija upopeskeka; ndipo muzi wose pamwenga nyumba yakugaŵikana paku yija, kuti yingama cha."

(2) *Luka 11:21-22*. Penipo wanthazi yo wakuphatikiya limu walinda nyumba yake ya ufumu, viŵetu vyake vye mu chimangu. Kweni asani wanthazi kwaku iyo waziya pake ndi kumgoda, waphanga vidya vyake mwaku vyo wagomezga ndipo miskowu yake wagaŵa.

(3) *ŴaEfeso 5:21*. Ndi pakujithereskiyana mu wofi waku Khristu.

169. Vuchi ndi malipilo

Konkhosko lake: Munthu yo wagwira nchitu ndiphamphu watijovya kusaniya vyo wakhumba pa umoyo wake ndi nyumba yake.

Tandauzo lake: Munthu watenele kuphanaphana, kuti wasaniye nthowa yakujovye. Asani wepanchitu watenele kuyikole nthazi, ndikugomezgeka.

Kuzirwa kwa nthanthi iyi: nthanthi iyi yikambika pakuchenjezga munthu mlesi, kuti kulivi kanthu ko katuza kija kambura kukagwiriya nchitu. Munthu yo watijiteŵete ndi kulimbikiya, wasoŵeka cha kanthu panyumba. *Ahurwa* ndi *asungwana* atenele kulimbikiya *Sukulu*, pamwenga mlimu wo apaskika, kuti aleki kukhumbira anyawo kunthazi.

Mazu ghaku Chiuta gho ghakhozga nthanthi yeniyi:

(1) *Chiyambo 3:19*. Ukarghanga chiŵande, mu dukutira la chisku chako mpaka penipo uweriyenge ku nyata. Pakuti ungutoleka mwenimo; ndiwe fuvu, ndipo ukaweriyanga ku fuvu.

(2) *2 ŴaTesalonika 3:10*. Chifukwa penipo napo tenga kwinu, talanguliyanga imwe chenichi, kuti, asani yumoza wareka kukhumba kutata mlimu, ipu wareke kurgha.

170. Vya mzinga

Konkhosko lake: Munthu yo ghamuko *maskaŵi* wachima ukongwa, ndipu wawoneka nge kuti nthazi yinyake yamuzingirizga wachizilirika.

Tandauzo lake: Munthu yo ngwa *maskaŵe*, pamwenga munthu wa mizimu yiheni.

Kuzirwa kwa nthanthi iyi: nthanthi iyi yikambika asani ŵanthu achitiya chitima yo *maskaŵe* ghamuko. Pakuwona mo watijipong'e pasi ndikuzilirika. *Apharazgi* kanandi ayeruzgiya ndi ŵanthu wo azanga kwaku Yesu ndi mizimu yiheni. *Yesu yija ndiyo wataskanga mwaka a mizimu yawiyu*. Asani tivwana ndi Chiuta watovyenge kutichizga nthenda zidu zose.

Mazu ghaku Chiuta gho ghakhozga nthanthi yeniyi:

(1) *1 Samuele 18:10.* Kunguti kwacha ndi mlenji mzimu uheni ungumufikiya Sauli kutuliya kwaku Chiuta, ndipo wabwebwetanga mu nyumba yake, po Davidi wambanga kaligu; nge ndimo wachitiyanga mazuŵa ghanyake; Sauli wenga ndi mkondo mu janja lake.

(3) *Marko 5:6-8.* Kweni wachiwona Yesu kutari, wanguchimbiya ndi kumlambi-ya; wakukambura ndi mazu ghakuru, wanguti, "Ndatinji namwe, Yesu, mwaMwana waku Chiuta Wamdengwendi? Ndikurapiskiyani ndi Chiuta, mungandisuzganga cha." Chifukwa wangunena nayo, "Tuwamo mu mu-nthu yo, mzimu we, wawiyu."

(3) *Luka 11:24-26.* Panipo mzimu wawiyu utuwa mu munthu uporotamu mu malo ghachiparamba, wakupenja chipumulu; ndipo wambura kuchibowo-zga, utiti, "Ndiwerenge ku nyumba yangu mwenimo ndingutuwa ..."

171. Vyo tikamba vya mng'ombe

Konkhosko lake: Ng'ombe kanandi yituvwa cha, viŵiviŵi asani yitambuka mseu yiwelere cha, chingana galimoto yituza, ndikumba lipenga.

Tandauzo lake: Aliko ŵanthu anyaki wo atuvwa cha nge kuti akugota makutu, kweni aziŵanizgiya dala uchiŵakambiya kanthu.

Kuzirwa kwa nthanthi iyi: nthanthi iyi yichenjezga *ahurwa* ndi *asungwana* kuja akuvwiya vyo ŵala akamba mu mizi, nge nkhusintha nkharo yiheni yo yile-ngeska apapi. *Apharazgi* atitisambizga kuti yo waleka kuvwiya Mazu ghaku Chi-uta umoyo waki unangika mukwananga. Tiyeni tivwiye Chiuta.

Mazu ghaku Chiuta gho ghakhozga nthanthi yeniyi:

(1) *Yesaya 6:9-10.* Ndipo iwo anguti, "Ruta, ukakambe ku ŵanthu yaŵa: 'Kuvwa mutuvwa, kweni kuti muwamo cha; kulereska mulereska, kweni kuti muziŵa cha.' Utuluvye mitima ya ŵanthu yaŵa, makutu ghawo ghaŵe ghazituzitu, ndi ujare maso ghawo; vinu wangaŵona ndi maso ghawo, ŵangavwa ndi makutu ghawo, ndi ŵangawamo ndi mitima yawo, ŵangang'anamuka ndi ŵangachizgika."

(2) *Ŵerengani Luka 8:11-14.* Ntharika iyi yititisambizga kuti wo aleka kuvwiya Mazu ghaku Chiuta ŵenge mbeu, zo zinguwa panthowa, tuyuni tunguto-ndo; zo zinguwa pa jalawe zingumira; ndipo zo zinguwa pa minga, zingu-homeka-homeka. Ichi nchisambizgu kuti munthu yo waleka kuvwiya wala-ngika, ndipu umoyo waki utuŵa ufupi.

172. Wabaya chiŵanda

Konkhosko lake: A Tonga anyaki avwana kuti vinyama vinyake visanduka mizimu ya ŵanthu, ngendi: njoka, nyalubwe, nkharamu, kasusa, pundu ndi vinyake vya viyo. Kubaya vinthu vyaviyo ŵala-ŵala atiti wabaya mzimu wamunthu mweniyo wazgoka chilengiwa cha viyo.

Tandauzo lake: Kudumuwa umoyo wa munthu pakubaya mzimu wo wasinthiyamo, pamwenga wo wasandukiyamo.

Kuzirwa kwa nthanthi iyi: nthanthi iyi yicheŵeska ŵanthu kuti alekengi kubaya vinyama vinyake vyo apima kuti visunga chikozgo cha mzimu wa munthu. Kanande ŵala-ŵala akamba nthanthi iyi pa maliro kuchenjezga ŵana kuti angabayanga chilengiwa cho chawoneka pa maliro cha, chifukwa panyake ndi mzimu wakuyo wafwa; vinu nawo so angathemwa.

Mazu ngaku Chiuta gho ghakhozga nthanthi yeniyi:

(1) *Marko 5:11-12.* Kweni mskambu ukuru wa nguruŵi warghanga pa mtunthu po; ndipo yingumuŵeyere, kuti, "Titumizgeni mu nguruŵi zo, kuti tisere mwaku zo."

173. Wabila pa chandi mutu uwoneka

Konkhosko lake: Nkhombo timwiyamo maji ghakukwana nyota yo tenayo. Chinthu cho chabiramu kanandi chiyanjama chiwoneka. Nkhunonono kuti munthu wabile *mchandi (nkhombo)* ndikuleka kuwoneka.

Tandauzo lake: Kujibisa masuzgu gho tenagho nchiheni chifukwa zua linyake suzgu yo yazamuwoneka pakweru.

Kuzirwa kwa nthanthi iyi: nthanthi iyi yichenjezga ŵanthu kuti aleki kubisa masuzgu gho enagho chifukwa pavuli ghaziŵikenge. Nyengo zinande nthanthi iyi yisambizga asungwana wo abisa zinthumbu, pakujifyeka pamoyo ndi *kacheka,* kuti aleki kuwoneka. Aluwa kuti nthumbu yiwonekengi mbwenu kuŵanthu. *Apharazgi* asambizga ŵanthu kuti asani urwirwi we paliŵavu lamunthu uvumbuwa nkharu yamunthu. Kweni so ndi chenjezgo ku *ahurwa* ndi *asungwana* kuti masuzgu nchimoza cha umoyo wamunthu. Uheni ungabisika cha, utachioneka po wafinyizgika. Kulivi kanthu kakubisika pa maso ghaku Chiuta.

Mazu ghaku Chiuta gho ghakhozga nthanthi yeniyi:

(1) *Luka 12:2-3.* Kweni palive kanthu kakubenekereka ko karekenge kuvunu-
lika: ndi kakubisika keniko karekenge kuziŵikwa. Chifukwa chenicho vyose
vyo mwarongorore mu mdima, mu ukweru vivwikenge; ndipo chenicho
mungurongorole mu gutu mu vipinda vitaulikiyenge pa mabagha pachanya.

(2) *ŴaRoma 5:3-4.* Weniukongwa titumbwiya so mu masuzgu ghidu: pakuziŵa
kuti suzgu yitata unkhunthiya; ndi unkhunthiya, nkharu; ndi nkharu; chigo-
mekezgu.

174. Wafwiya limu

Konkhosko lake: Mazu agha gharongo chigomezgo cha A Tonga kuti muzimu
wamunthu ngwakuzirwa. Asani mzimu watuwamo mu munthu ndikuti kututa
nako waleka. Kwene asani watuta, ngwamoyo. Ndipuso, mzimu wa munthu wa-
kufwa ko utiya ngwamoyo.

Tandauzo lake: Munthu yo waleka kututa, ngwakufwa.

Kuzirwa kwa nthanthi iyi: nthanthi iyi yikambika asani munthu wafwa. Mzuku-
ru yo waziŵa nyifwa watachikamba kuti, *Ngana, wafwiya limu,* ndikuti waleka
kututa. Nyengo zinyake yikambika pakunena munthu yo wafwasa ndi vya mu-
charu, mweniyo zeru zake zimaliya mwenimo kwambura kujirongosole vya
umoyo wake wakunthazi. *Apharazgi* akamba nthanthi iyi kucheŵeska ŵanthu
kuti kuja mukwananga munthu wachita nge ngwakufwa.

Mazu ghaku Chiuta gho ghakhozga nthanthi yeniyi:

(1) *Sumu 31:12.* Ndaruwika mu mtima nge ngwakufwa, ndazgoka nge nchiyaŵi
chakusweka.

(2) *Marko 15:44.* Pilato wanguzizwa asani wafwadi: ndipo wati wadana Kentu-
rione, wangumfumba kuti vinu wafwa kale.

(3) *1 Timote 5:6.* Kweni cho chitechitechi chafwa cheche chamoyo.

175. Ŵajinangiye ŵeneko

Konkhosko lake: Pa Chitonga pe nthanu yakuti, ŵajinangiye ŵeneko. Kaŵaŵa
wangwesa kovya *asungwana* kulunga mche munthamba zau. Ati aziŵa kuti ndi
Kaŵaŵa, angunene apapi ŵawo. Pavuli pake, apapi angudanana kuti akabaye

Kaŵaŵa, yo wachitiyanga wezi ŵana ŵawo. *Kaŵaŵa* pakuthaŵa wanguti, ŵaji-nangiye ŵeneko.[18] Nchamampha kuteska danga vinthu tenga tindachite kekose.

Tandauzo lake: Munthu wenga wandachite kanthu watenele kuteska danga, kuti vinu nchakwenele kuchita viyo.

Kuzirwa kwa nthanthi iyi: nthanthi iyi yicheŵeska munthu yo ndi chikana - marango. *Apharazgi* akamba kuti tireki kuchita uheni, kweni ta ŵanthu tituvwa cha. Mwa viyo titijinangiya taŵeni. A Yuda angujinangiya ŵeneko pakubaya Yesu.

Mazu ghaku Chiuta gho ghakhozga nthanthi yeniyi:

(1) **Marko 12:10.** Asi mwaŵerenga na lembo ili: "Mwa wo ŵakuzenga ŵangu-wupata, weniwo waŵa mutu wa nyondu."

(2) **Yohane 19:37.** Ndipo so lembo linyake lititi, "Ŵazamlereska paku mweniyo ŵangugwaza."

176. Wakozga kwa awiske

Konkhosko lake: Mwana yo wachita vinthu ngemo achitiya apapi ŵake, nanga mphakajalidu viyo, atiti wakozga kwa awiski.

Tandauzo lake: Ŵanthu anande akozga nkharo ndi machitiro gha apapi ŵawo.

Kuzirwa kwa nthanthi iyi: nthanthi iyi yikambika ku munthu yo pakuchita vinthu wakozga mo achitiya apapi ŵaki. Ndikuti maluso ghanandi gho warongo ghakozga maluso gha apapi ŵaki. *Apharazgi* akamba nthanthi yeniyi pakuchiska ŵanthu kuti atenele kukozga nkharo yaku Chiuta, chifukwa tose tikurengeka mu chikozgo chaki. Akhristu atenele kukozgana ndi nkharu yaku Yesu.

Mazu ghaku Chiuta gho ghakhozga nthanthi yeniyi:

(1) **Yohane 14:9.** Yesu wamnene, "Nyengo yitali yaviyo ndaŵa pamoza namwe, ndipo kumbi ulive kundiziŵa, Filipu? Yo wawona ine, wawona Ada. Uka-mba uli iwe, Tirongoni Dada?"

(2) **Yohane 17:11.** Ndipo sono kuti nde mu charu cha, kweni iwo ŵemu charu, ine ndituza kwaku imwe, Ada ŵakupaturika, ŵasungiyeni mu zina linu wo imwe mwandipaska, alinga kuti ŵawe ŵamoza, nge ndifwe.

(3) **ŴaFilipi 2:6.** Mweniyo pakuŵa mu muŵiru waku Chiuta, wengavi kulipima yanu lake ndi Chiuta kanthu kakuphangika.

---

18 F.K. Chirwa, *Nthanu za Chitonga*, pp. 111-113.

(4) *ŴaKolose 1:15*. Ndiyo chikozgu chaku Chiuta wambura kuwoneka, waku-papika wakudanga wa ulengi wose.

177. Wakuya ku muzi ukuru

Konkhosko lake: Nyifwa pa Chitonga atiti mbulendo wa kuruta ku muzi ukuru, kweniko arondeleka ndi mizimu yakuwo akufwa kali, ndipo mizimu yawo nja-moyo.

Tandauzo lake: Yo wafwa waruta kumuzi wake ko kwe abali ŵake anande wo akufwa kali.

Kuzirwa kwa nthanthi iyi: nthanthi iyi yikambika asani munthu wafwa, ŵala-ŵala pakupembuzga ŵana atiti yo wafwa waruta kumuzi wake wenecho, kweniko wamkuŵa pamoza ndiwo akufwa kali. Ndi mazu ghakukhwimiska ndi ghaku-paska chigomezgo kuti ko kwaya mbali widu kwe likondwa la myaya swi. *Apha-razgi* akamba nthanthi iyi pakukhwimiska ŵanthu pa nyifwa.

Mazu ghaku Chiuta gho ghakhozga nthanthi yeniyi:

(1) *2 Samuele 12:23.* "Kweni sono wafwa; ndifungiyengenji kurgha? Kumbi ndikamuwerezgiyangapo so? Ine ndirutenge kwaku iyo, kweni iyo kuti wa-werenge so kunu kwangu cha."

(2) *Yohane 14:2-3.* Mu nyumba ya Ada mwe malo ghanandi ghakujamo; asani kunguŵavi mphanyi ndingukuneniyani; pakuti ndiruta kwachirongosole imwe malo. Ndipo asani ndaruta ndi kukurongosoliyani malo, ndituza so, ndipo ndazamkukutoriyani kwaku ndamweni; alinga kuti ko nde ine, namwe so muŵe kweniko.

(3) *WaHebere 11:10.* Chifukwa ŵalereziyanga msumba wo wakuŵa ndi viŵanja, waku weniwo mzengi ndichata, ndi Chiuta.

(4) *Chivumbuzi 21:2.* Ndipo ndinguwona msumba wakupaturika wo, Yerusa-lemu mufya, wakusikako kuchanya kutuliya kwaku Chiuta, wakurongoso-leka nge ndi mwali wanthengwa wakuvwarikikiya mrumi wake.

178. Waliya vuwa, waliya ulambwi

Konkhosko lake: Viripu vinthu mu umoyo vyo taŵanthu tikhumba, kuti vito-vye, kweni navyo vyendi uheni, pamwenga urwani wake, asani ticheŵa cha. Vu-wa njamampha titiyiliya limu, kweni asani maji ghatora mu musinje ghananga vinthu, pamwenga ma umoyo gha ŵanthu. Urambwe utondeska mu ulendo gha pasi, panjinga ndi pa magalimoto, kuti munthu wakafike luŵi ko watiya.

Tandauzo lake: Asani ukhumba chinthu chamampha utenele so kunozgeka nthowa yo uchitenge, asani chakudaniya suzgu.

Kuzirwa kwa nthanthi iyi: nthanthi iyi yikambika asani ŵanthu atamba kudandaula ndivuwa asani yarutiriya kuny'a, pamwenga kuchinyinthizga, ndiso kumala ma umoyo gha ŵanthu. Viŵi-viŵi munyengo za vuwa ya zande ndi zachigumula.

Mazu ghaku Chiuta gho ghakhozga nthanthi yeniyi:

(1) **Ŵerengani 1 Samuele 8:4-17.** Apa tisambira mo ŵaYisraeli angusuzgiya Chiuta pakufumba kuti wa ŵapaske Karonga (Fumu) yakuŵawusa. Kweni mchimi Samuele wanguŵachenjezga kuti Karonga yo apenja wazamusambuska ŵana ŵawo kuŵa *akapolo*, kweni ŵanthu kuti anguvwiya cha. Fumu yingupaskika, kweni kunthazi ma fumu ghanyake ghangwamba kusuzga ŵanthu.

(2) *Mateyu 20:20-28.* Apa tisambira kuti po muoli waku Zebediya wafumbanga Yesu kuti ŵana ŵake ŵaŵi ndi mipando yapachanya, Yesu wanguti: "kuti muziŵa cha cho mupempha. Kumbi muziŵa kumwa nkhombo yo ine nditenere kumwa?" ŵamunene, "Tiziŵa."

179. Wamuchontha muguto

Konkhosko lake: Kukamba mazu ghakuti munthu wavwisiske.

Tandauzo lake: Kukhorweska munthu ndi fundu yenecho mwakuti waleki kulutiriya ndi vyakukamba.

Kuzirwa kwa nthanthi iyi: nthanthi iyi yikambika ndi akweruzga milando muzimphara, asani walipo yo wakamba fundu ya zeru kutondeska munyaki kupilinguwaku, pamwenga akweruzga mlandu, kuti adumuwe. *Apharazgi* pakutaula atenele *kuchontha muguto* ndi mazu ghaku Chiuta.

Mazu ghaku Chiuta gho ghakhozga nthanthi yeniyi:

(1) *Marko 11:30.* "Kumbi ubatizo waku Yohane wenga wakutuwa kuchanya pamwenga ku ŵanthu? Ndamukeni". Apa tiona kuti Yesu wanguŵachontha mumakutu pa fumbu lawo.

180. Ŵanthu mbanthu wakuŵaziŵa ndi Mnkhwere

Konkhosko lake: Munkhwere ndi nyama yakuchenje ukongwa, chifukwa pakuza kwaziba vigawu pamwenga vingoma mu minda yiḍanga cha syola danga, vinu ŵanthu akhazga mu munda. Asani kulivi urwani ndipo wadana anyake kwazirya (kuteketa vyakurya).

Tandauzo lake: Tingapimanga kuti palivi azeru wo aziŵa vyo tichita muchibisibisi.

Kuzirwa kwa nthanthi iyi: nthanthi iyi yikambika pakuchenjezga munthu yo ndi muryarya ndi waboza. Iyo wachita vinthu mwakubisama penipo anyake aziŵa vyose vyo iyo wachita. *Akutaula* acheŵeska ŵanthu kuti uheni wose wo uchitika ku ubendi Chiuta wawona.

Mazu ghaku Chiuta gho ghakhozga nthanthi yeniyi:

(1) **Ŵerengani Sumu 139:7-12.** Mazu ghaku Chiuta apa ghatitisambizga kuti, Chiuta ndi *Mziŵa-vyose* Chifukwa kwaku iyo kulivi mdima. Jisu lake ndakuthwa ukongwa. Waziŵa vyo tichita ku ubedi.

(2) *Mateyu 10:26.* "Viyo mungopanga wo cha: chifukwa palive kakuvunikirika ko karekenge kuvunulika; ndi kakubisika ko karekenge kuziŵikwa".

(3) **Chivumbuzi 20:12.** Ndinguŵawona ŵakufwa, ŵara ndi ŵamana, ŵamanga paürongo pa chitengu-chaufumu cho; ndipo mabuku ghangujurika: ndipo lingujurika buku linyake so, lenilo ndi buku la umoyo. Ndipo ŵakufwa ŵangweruzgikiya paku vyenivyo vingulembeka mu mabuku gho, kwakulingana ndi nchitu zawo.

181. Watipitiya

Konkhosko lake: Chipozwa, pamwenga chimiti, asani che panyata yamampha chitipitiya mani ghake. Munthu nayo viyo, asani waja umoyo wachimango; wakufwasa ndikurya umampha; pakumuona liŵavu lake ndakusefuka. Ndi mazu ghaku-kuluŵika.

Tandauzo lake: Munthu yo liŵavu lake pakumuona ndakusefuka, ndipu wawoneka ndi nthazi.

Kuzirwa kwa nthanthi iyi: nthanthi iyi yikambika nge ndi rumbu, pamwenga thokozu kumunthu yo wakuwa umampha ndikujiphwele. *Ahurwa* ndi *asungwana* nyengo zinu zasonu kwe nthenda ziheni, munthu watenele kujiphwele, mwakuti pakukuwa utipitiyengi mukawonekedu. Umoyo nawo, utuŵa utali, chifukwa utiwupaska nyata yamampha.

Mazu ghaku Chiuta gho ghakhozga nthanthi yeniyi:

(1) *Yesaya 11:1.* Pakatuwanga chitivwa pa chipandu chaku Jese, ndipo mphanda yikakuwanga kutuwa ku misisi yake.

(2) *Luka 2:52.* Ndipo Yesu wakuwanga mu zeru ndi mu msinkhu, ndi mu wezi kwaku Chiuta ndi ŵanthu.

182. Wato pa lumwi le nye!

Konkhosko lake: Kwakuyanana ndi *mdauku/mluliku* wanthengwa ya Chitonga munthu watenele kuchenje paku sankha munthukazi pamwenga munthurumi yo wangatorana nayo: mlesi cha pamwenga wambiri yiheni cha; ndipu so apapi ŵaki nawo ŵaŵe ambiri yamampha. Pa Chitonga kusankha munthukazi pamwenga munthurumi uchita nge usankha auso ndi anyoko, chifukwa nthengwa nkhusungana. Ndichu chifukwa mwaka apapi asankhanga anthukazi, pamwenga asiŵane ŵawo kupaska ŵana ŵawo.

Tandauzo lake: Munthu yo wato mlesi, pamwenga yo waŵirwa ku mlesi, mkavu, mnkhungu, mfwiti, ndi wankharu ziheni za viyo, waviyo atiti wato palumwi.

Kuzirwa kwa nthanthi iyi: nthanthi iyi yichenjezga munthu yo watorana ndi mlesi, pamwenga wankharo yose yiheni. Yicheŵeska so *ahurwa* ndi *asungwana* kusankha mwazeru, vinthu vyo vyakuŵawovya ku umoyo wawo wakunthazi. *Apharazgi* achiska ŵanthu kusankha Yesu ndikuleka Satana yo *wataya mubuwo* ŵanthu.

Mazu ghaku Chiuta gho ghakhozga nthanthi yeniyi:

(1) *Nthanthi 19:14.* Yititi, "Nyumba ndi uromba nchihara chakutuwa kwauskeu, kweni muwoli mukongorekwa waturiya ku Ambuya".

(2) *Nthanthi 30:23.* Yititi, "Munthukazi wambura wakumwanja asani wasaniya munthurumi, ndi mteŵeti munthukazi asani wahara mbuyake munthukazi".

183. Wavimyantha

Konkhosko lake: Munthu yo walonde chilango (suzgu), chifukwa cha uheni wo wachita. Ndi mazu ghaku-kuluŵika.

Tandauzo lake: Kulonde chilangu pa uheni wo munthu wachita, mwaviyo cheruzgu chitimuwiya.

Kuzirwa kwa nthanthi iyi: nthanthi iyi yipong'eka pa mphara ya mlandu, nge nkhukhuŵizga munthu yo cheruzgu chamuŵiya, kuti walangike pa uheni wo wa-chita. Nyengo zinyake, asani ŵeruzgi ayeruzgiya kwanja - panyaki munthu yo kuti wangunanga cha, arwani ŵake pakukhuŵizga akamba mazu ghenagha, mwa-kunyoza.

Mazu ghaku Chiuta gho ghakhozga nthanthi yeniyi:

(1) **Luka 23:40-42.** Kweni munyake yo wangwamuka, wangumchenya, watinge, "Asi utopa chingana ndi Chiuta? Pakuti we mu chisusa chenicho pe. Ndipo ifwe nadi nchakutenere pakuti tironde vyakwenere vyenivyo tachita: kweni uyu walive kuchita kanthu kakusovya."

(2) **ŴaGalatia 6:7.** Mungarandizgika cha; kuti Chiuta wanyumbika cha; chifukwa chenicho munthu wangamija, chenicho nacho wakavunanga.

184. Wavituta

Konkhosko lake: Wavituta ndi munthu mweniyo yamko mizimu, pamwenga munthu wa maskaŵe. Munthu waviyo wachima *ndikubwebweta* vinthu vinande.

Tandauzo lake: Munthu yo wabwebweta pamwnega kuchima vinthu *ndikwesa kuti* ndi nthazi ya *mizimu* yo yasele mwaki.

Kuzirwa kwa nthanthi iyi: nthanthi iyi yikambika asani munthu watamba ku-chima, ndikubwebweta. Anandi mu anthukazi achima asani pe maliro, ndiku-bwebweta vinande. *Apharazgi* akamba nthanthi iyi achisambizga ŵanthu ndi mo Yesu wachizgiyanga ŵanthu *amizimu* yiheni.

Mazu ghaku Chiuta gho ghakhozga nthanthi yeniyi:

(1) **Marko 9:20.** Ndipo wangumtole kwaku iyo: ndipo wachimuwona, demone yo sosonukweni wangumparuwa ukongwa; wanguwa pasi, wakukunkhuruka ndi wakumokoka phovu.

(2) **Luka 4:33-35.** Ndipo mu sinagoge mwenga munthu wakuwa ndi mzimu wa demone wawiyu; ndipo wangukambura ndi liu likuru, "Owe! te ndi chine ndi iwe, Yesu waku Nazarete? Kumbi waziya kwachinanga ifwe? Ndikuziŵa mo uliri, Wakupaturika we waku Chiuta." Ndipo Yesu wangumchenya, wa-kuti, "Sunama, ndi tuwamo mwake." Ndipo demone yo, wanguti wampo-ng'a pasi, wangutuwamo mwake kwambura kumpweteka kose.

(2) **Machitidu gha Ŵakutumika 19:14-15.** Ndipo kwenga ŵana ŵanthurumi ŵan-khonde ndi ŵaŵi ŵaku Skeva, mu Yuda, mzukuru mura, wo ŵachitanga ichi. Ndipo mzimu uheni wo ungwamuka, ndi ungunena nayo, "Yesu ndimzo-mera, ndipo Paulo ndimziŵa; kweni imwe mwe ŵayani?"

185. ŵaŵi mbanthu, kekija nkhanyama

Konkhosko lake: Nchamampha cha wamunthu kwenda wija ndi usiku pamwenga mu malo gho mwe urwane, chifukwa uziŵa cha po chirwane chingakuziya.

Tandauzo lake: Munthu yo watenda ndi mnyake kanande watuŵa pa ulwani cha, chifukwa aziŵa kutaskana asani chirwane chituza.

Kuzirwa kwa nthanthi iyi: nthanthi iyi yikambika nge ndichenjezgo kumunthu yo watanja kwenda kwenda yija ndi usiku, pamwenga kwenda mu malo gha urwani. Nyengo zinyake yichiska munthu kuŵa ndi muoli pamwenga mulumi wake kuti awovyanenge panyumba. *Apharazgi* achiska a Khristu kuti atenele kwenda ndi Yesu nyengo zose, yo waziŵa kuŵataska mu urwani wose.

Mazu Ghaku Chiuta gho ghakhozga nthanthi yeniyi:

(1) **Wakutaula 4:12.** Nanga yumoza wangamuruska munyake pakumikana nayo, kweni ŵaŵi ŵakamuruskanga, chingwe cha mitegha yitatu kuti chidumuka ruŵi cha.

(2) **Yesaya 43:1-2.** Kweni sono atiti viyo Ambuya, yo wangukulenga iwe, Yakobe we, yo wangukuumba, Yisraele we; "Ungopanga cha, pakuti nda kuwombo; ndakudana iwe ndi zina, we wangu. Uchiporota mu maji ndikaŵanga nawe; pakuporota, mu misinji, kuti yikakubizganinga cha, muchenda mukati mu moto kuti mukafyanga cha, ndipo mulipu kuti ukakurghaninga cha.

186. Wazamukumana ndi aweya wa mujimo, mumphunu ulimu kale

Konkhosko lake: Alipo ŵanthu anyake wo mbakali ukongwa, wo tindaŵawonepu mukawidu kidu.

Tandauzo lake: Nchamampha cha kuleka kuvwiya ala, pamwenga apapi.

Kuzirwa kwa nthanthi iyi: nthanthi iyi yichenjezga *ahurwa* ndi *asungwana* wo mbachikana-marango, kuti nchamampha cha kunyoza anyawo, chifukwa zua lamuŵapo lo amukumana ndi anyaki wo amkuŵalanga. Ndi chenjezgo so kwakuwo iwo apima kuti anyawo atiŵaziŵa cha nkharo yawo yiheni. Nyengo zinyaki nthanthi iyi yikambika kucheŵeska wo umoyo wawo atiwuphwele cha. *Apharazgi* asambizga kuti sani tirutirizga kuchita uheni Chiuta ndi mkari watilangenge.

153

Mazu ghaku Chiuta gho ghakhozga nthanthi yeniyi:

(1) ŵana ŵaku Eli pakuleka kuvwiya Chiuta ndi chenjezgo la auskewo, angwa-chimaliya ku nkhondo: -

Ŵerengani 1 Samuele 2:24-25. "Awa, mwa ŵana ŵangu; kuti njamampha cha mbiri yo ndituvwa yo ŵanthu ŵa Ambuya ŵawandiska kose. Asani munthu walakwiya munyake, Chiuta wakamuŵiyanga mwenda-pakati; kweni asani munthu walakwiya Ambuya, ndiyani yo wakamuŵeyeriyanga iyo?" Kweni ndipu uli kuti ŵanguvwiya mazu gha auskeu cha; pakuti linguŵa khumbu la Ambuya kuŵabaya.

(3) **2 ŴaKaronga 2:23-24.** Kutuwa kuwa wangukwere ku Betele; ndipo penipo wenga weche kwenda mu nthowa, ŵahurwa ŵanyake ŵangutuwa mu musumba ndipo ŵangumunyoza, ŵanguti, "Rutanga kweranga wachaphala! Rutanga kweranga, wa chaphala!" Wangung'anamuka, ndipo wanguti wawaona, wanguŵatemba mu zina la Ambuya. Ndipo kungusotopoka ŵabera ŵaŵi ŵanthukazi ku dondo ŵanguparuwa machumi ghaŵi gha ŵahurwa wo.

187. Wendi jisu la nkhwazi/lakutwa

Konkhosko lake: Nkhwazi yiziŵa kulereska kanthu ko yikhumba kurya yeche pamtunda utali. Ichi nchiyerezgero ŵaka kumunthu yo masu ghake ghawona luŵi tunthu.

Tandauzo lake: Munthu yo wawona luŵi kanthu weche patali ngepo yiwone luŵi kanthu nkhwazi.

Kuzirwa kwa nthanthi iyi: nthanthi iyi yikambika pakuthokoza munthu yo wabowozga kanthu ko kangusoŵa; pamwenga yo waziŵiya mnyake weche patali pa umba waŵanthu.

Mazu ghaku Chiuta gho ghakhozga nthanthi yeniyi:

(1) **Luka 15:8.** Pamwenga njani munthukazi wakuŵa ndi ndrama chumi, yo asani wangataya ndrama yimoza, wareka kukozga limbuni, ndi kupeya nyumba yo, ndi kupenja wenguwengu, mpaka wangayibowozga?

(2) **Luka 15:20.** Ndipo wangusoka, wanguza ku wiske. Kweni weche kutari iyo, wiske wangumwona, ndi wanguzazika ndi chitima, ndipo wanguchimbiya ŵanguwa pa khosi lake, ndi wangumufyofyontha.

154

188. Wendi kamlomo kakuthwa

Konkhosko lake: Munthu yo ngwakuchenje kwazeru, ndipu cheruzgu chake pa mphara za makane nchazeru. Kowakamba kavwika.

Tandauzo lake: Munthu yo ndi mweruzgi mula pa mphara ya mlandu.

Kuzirwa kwa nthanthi iyi: nthanthi iyi yikambika nge ndi thokhozo kumunthu yo waziŵa kujitaska epa we pa mlandu, chifukwa cha ukabone wake wazeru. Nyengo zinyake ndi thokozo kwakuyo wateruzga kwazeru mlandu unonono. *Apharazgi* anyaki endi kamlomo kakuthwa pakupharazga ukongwa mazu ghaku Chiuta, nge mo Paulos wapharazgiyanga mo wendanga.

Mazu ghaku Chiuta gho ghakhozga nthanthi yeniyi:

(1) **Ŵerengani Machitidu gha Ŵakutumika 5:33-39.** Apa tisambira ndi msambizgi wa chilangulu, zina lake Gamaliele mweniyo wanguti wateska uneneska wa ŵapostole wanguchenjezga khamu la ŵaYuda wo akhumbanga kubaya Apostole wanguti, "Ndipo sono ndikuneniyani, mutuweko kwaku wo ŵanthu, ndi ŵarekeni: pakuti asani fundu yeniyi pamwenga nchitu yeniyi njakutuwa ku ŵanthu, yibwangandukenge, kweni asani nja kwaku Chiuta, kuti muŵenge ŵanthazi kuŵabwanganduwa cha; vinu napu kokuli mungasanirika ŵakurwana ndi Chiuta."

189. Wendi mzimu uheni

Konkhosko lake: Munthu yo wendi mzimu uheni. Nyengo zinyake utimupong'a pasi kumusuzga, pamwenga kumurongozga kwachichita chiheni.

Tandauzo lake: Muzimu wo utuma munthu kubaya anyake.

Kuzirwa kwa nthanthi iyi: nthanthi iyi yikambika pakucheŵeska munthu kuti wangafwasanga cha ndi munthu yo atimughanaghaniya kuti ndi mheni ndipu wabaya ŵanthu. Nyengo zinyake ying'anamuwa munthu yo ngwakufuntha, ndipu mzimu uheni utimutuma kunanga vinthu. Kweni so yikambika kuchenjezga munthu yo ngwakujikuzga. Kanandi *apharazgi* akamba munthu wankharo yiheni mu mupingo pamwenga mu muzi.

Mazu ghaku Chiuta gho ghakhozga nthanthi yeniyi:

(1) *1 Samuele 16:14.* Viyo mzimu wa Ambuya ungutuwamo mwaku Sauli, ndipo mzimu uheni wakutuliya ku Ambuya ungumusuzga.

(2) *Nthanthi 16:18.* Kujikuzga kudanjiya paurongo pa pharghaniku, ndi mtima wakujikuzga paurongo pa kuwa.

(3) *Mateyu 2:16.* Herode, pakuwona kuti wapusikika ndi ŵaukwi, wangukaripa ukongwa, ndipo wangutuma ndi wangukoso ŵana ŵanthurumi wose mu Betelehemu ndi mu mphaka zake zose, ŵa virimika viŵi ndi pasi pake, kwa-kulingana ndi nyengo yo ŵanguziya ŵaukwi wo.

190. Wendi mzimu wamampha

Konkhosko lake: Ndi nthowa yimoza yo a Tonga akambiya pakung'anamuwa munthu yo warongozgeka ndi mzimu wamampha.

Tandauzo lake: Munthu yo warongozgeka ndikusungika, ndi mzimu wama-mpha.

Kuzirwa kwa nthanthi iyi: nthanthi iyi ying'anamuwa munthu yo umoyo wake ngwa nthazi ndiso wa umoyo utali. Ndipu so yikambika pakung'anamuwa mu-nthu yo *azimu* atimurongozga munthowa yamampha ndikumupaska mwaŵi. *Apharazgi* nawo akamba nthanthi iyi pakweruzgiya munthu mweniyo warongo mtima wamampha, wachi Khristu pamuzi.

Mazu ghaku Chiuta gho ghakhozga nthanthi yeniyi:

(1) Ŵerengani Maŵerengedu 11:17. Apa tisambira kuti Chiuta wangunene Mosese kusankha ŵanthu makhumi ghankhonde ndi ŵaŵi, akuzirwa kuŵa alongozgi mu ŵanyawo: "Nkhasikanga kwazirongoro nawe penipo; ndipo nkhatongako mzimu wo we mwako ndi kuwuŵika mwaku iwo; ndipo ŵaka-nyamuwanga uzitu wa ŵanthu pamoza nawe, alinga kuti ureke kuwunya-muwa wija."

(2) *Maŵerengedu 14:24.* Kweni mteŵeti wangu Kalebe, chifukwa wendi mzimu unyake ndipo wandilondo ine kwakufikapo, iyo nkhamutoliyanga mu charu cho wanguyamo, ndipo mphapu yake yikachiharanga.

(3) *Jobu 32:8.* Kweni mzimu waku Chiuta wemu munthu, ndi mvuchi waku *Wanthazi zose* utumupaska zeru.

191. Yo pamuko pa moyo ndiyo wajura ku khomo

Konkhosko lake: nthanthi iyi yikumbuska mbiri yakale po ŵanthu endanga pasi kuruta vyaru vinyake. Mo endanga mwenga maurwani ghanandi. Asani agona pa nthowa amanganga tu misasa. Ku usiku asani munthu wakhumba kujovya wangwenele kuŵa ndi chiganga pa kujura khomo, kopa kuti virwani vingamuko.

Tandauzo lake: Yo munthu waziŵa kuti chinthu watichikhumba watenele kupenja nthowa ndichitatata mwakuti wachisaniye chinthu cho watichikhumba, wenga wandapemphe mnyake.

Kuzirwa kwa nthanthi iyi: nthanthi iyi yikambika pakuchiska munthu, asani wakhumba kusaniya kanthu, wambe danga iyo kupenja wenga wandafumbe anyake kuti amovye. Nyengo zinyaki yikambika mu zimphara za milando, yo waziŵa kuti walakwa cha ndiyo watachito *samoni*. Yisambizga so *ahurwa* ndi *asungwana* kuwa ndi mtima wachitatata pakupenja chinthu chamampha. *Apharazgi* achiska ŵanthu kuti yo watijiziŵa kuti ndi mulakwi watenere kuza kwaku Yesu.

Mazu ghaku Chiuta gho ghakhozga nthanthi yeniyi:

(1) **Yesaya 55:1.** "Imwe, we yose wanyota, wazi ku maji, yose yo walivi ndalama wazi wagule warghe! Zani, gulani vinyo ndi mukaka kwambura ndalama ndi kwambura mtengo."

(2) **Mateyu 11:2.** Kweni Yohane wanguvwa mu ulinda machitidu ghaku Khristu, wangutuma ŵasambizi ŵake.

(3) **Marko 2:17.** Ndipo wachivwa Yesu wanguŵanene, "Wo ŵe umampha kuti ŵapenja ng'anga cha, kweni ŵarwali ndiwo; kuti ndinguza kwazidana ŵarunji cha, kweni ŵakulakwa."

(4) **Luka 15:18-19.** Nkhasokanga, ndikenge ku ŵada; ndipo ndinenenge nawo, Ada, ndalakwiya kuchanya ndi pa maso pinu: Kuti ndeche wakwenere cha kutamulika mwana winu: ndichiteni nge njumoza wa ŵamphotu ŵinu.

192. Yo waswela mviheni waliyenge

Konkhosko lake: Pa *Chizungu* nthanthi iyi atiti, "Po uwona kuti laya litamba kuparuka utenele kusonapo luŵi mwakuti utaski misonu yinandi asani lapaluka ukongwa."

Tandauzo lake: Nchamampha kuphwele chinthu asani chitamba ŵaka kuya kuwanangiku, mwakuti uchitaski.

Kuzirwa kwa nthanthi iyi: nthanthi iyi yikambika kukhozga fundu yakusankha cho nchakuzirwa kuchita pa umoyo wa munthu. Viŵi-viŵi *apharazgi* a mazu ghaku Chiuta akamba nthanthi iyi pakuchenjezga ŵanthu wo aswela mukwananga, kwambura kung'anamuka mtima luŵi. Ŵanthu aviyo ku umaliyi wa umoyo wawo atachisuzgika. Panyake nthanthi iyi yikambika pakucheŵeska munthu yo wawona chuma pamwenga katundu waki wanangika, kweni wakhumba kuphwele cha. Kunthazi wazamkumbuka kuti wenga ndi chuma chinande. Nyengo zinyake yichenjezga *asungwana* ndi *ahurwa* kusankha cho achitengi kunthazi nyengo yenga yindakwane. Viŵi-viŵi ŵana a *sukulu* atenele kusankha visambizgo vyo vya mukovya pa nchitu yo amuchita kunthazi.

Mazu ghaku Chiuta gho ghakhozga nthanthi yeniyi:

(1) **Ŵerengani Mateyu 25:1-13.** Apa tisambira ndi *Ntharika ya a Mwali khumi*. Ankhonde ŵenga akupusa, anguswela mu vyaŵaka. Cheruzgo chenga chakuti asuzgike. Kweni anyake ankhonde wo anguchenje, angusere mu chimango.

(2) **Luka 13:1-5.** Ndipo ŵengapo ŵeniwo panyengo yiya ŵangumtauliya ndi ŵaGalile, ndopa zaku ŵeniwo Pilato wangusazga ndi visopu vyawo. Ndipo wakwamuka wanguti kwaku wo, "Kumbi mughanaghana kuti ŵaGalile ŵa ŵenga ŵalakwi ŵakuruska wose ŵaGalile, chifukwa ŵangukomwa vyenivi? Ndikuneniyani, Awa na: kweni kwambura kuti mung'anamukenge, mose muparghanikenge kwakukozgana. Pamwenga chumi pachanya ŵankhonde ndi ŵatatu yaŵa, paku ŵeniwo wanguwapo sonjo mu Siloamu, ndi wanguŵabaya mughanaghana kumbi kuti iwo ŵenga ŵamatewo ŵakuruska ŵanthu wose ŵakujamo mu Yerusalemu? Ndikuneniyani, Awa na: kweni kwambura kuti mung'anamukenge, mose muparghanikenge kwakukozgana."

193. Yo watenda ndi mnkhungu nayo waŵengi mnkhungu

Konkhosko lake: Asani munthu yumoza ndi mheni, waziŵa kunanga anyaki wose wo watenda nawo.

Tandauzo lake: Nyengo zinande nkharo yidu yinangika chifukwa chakwenda ndi ŵanthu a nkharo yiheni.

Kuzirwa kwa nthanthi iyi: nthanthi iyi yikambika pakucheŵeska *ahurwa* ndi *asungwana,* kuti aleki kwenda ndi anyawo wo mbankharo yiheni chifukwa aziŵa kunaga umoyo wawo: Viŵi-viŵi, anyawo wo mbakumwa *moŵa,* kukweŵa *chamba,* kurya *mankhwara* ghakunanga wongu, *aleŵi* ndi wose a viyo aziŵa kunanga umoyo wa ŵanyawo. *Apharazgi* asambizga kuti munthu wayendengi ndi Chiuta, Satana cha yo waziŵa kukutaya mu buwo munthu.

Mazu ghaku Chiuta gho ghakzozga nthanthi yeniyi:

(1) **Nthanthi 1:10-15.** Wa mwana wangu, asani ŵaheni watukunyenga ungazomelanga cha. Asani ŵatiti, "Zanga pamoza nafwe, tikakhazge kudiska ndopa, tikakhazgi ŵambura kafukwa, tiŵameze ŵamoyo uli ndi muunda,

wamphumphu, uli ndi wo ŵasikiya mu zenje; tikasaniyanga chuma chose cha mutengo ukuru, tikazazanga nyumba zidu ndi vyakuskoŵa; ubatikani nafwe pamoza ifwe tose tikaŵanga ndi chikwama chimoza" wa mwana wangu, reka kwenda pamoza nawo mu nthowa tuzgako rundi lako ku nthowa zawo.

(2) *Nthanthi 13:20.* Mweniyo watenda pamoza ndi ŵanthu ŵazeru, wasanduka wazeru, kweni wakukwatikana ndi wakupusa wakapotekekanga.

(3) *Nthanthi 23:20-21.* Ungayanga mukati mu ŵakwanjiska vinyo cha pamwenga mukati mu nkharghi za nyama; pakuti ŵakuloŵe ndi ankharghi ŵakasaukanga, ndipo ulesi ukamuvwalikanga malizwazwa munthu.

(4) *Nthanthi 24:1-2.* Ungaŵachitiyanga sanje cha ŵanthu ŵaheni, chingana nkhunweka kuŵa nawo pamoza; pakuti miwongo yawo yipanga ukari ndipo milomo yirongoro za urwani.

(5) *2 ŴaTesalonika 3:14.* Ndipo asani yumoza wareka kughavwiya mazu ghidu mu kalata, uyo, muthaŵeni mweniyo, mungenderananga nayo cha, alinga kuti walengengisoni.

194. Yo watondo wasunga, yo wataya waliya

Konkhosko lake: ŵanthu atenele kukumbuka vyo pa umoyo asaniya.

Tandauzo lake: Munthu watenele kuphwele chose cho wasaniya, kwambura utayisi.

Kuzirwa kwa nthanthi iyi: nthanthi iyi yikambika nge ndichenjezgo kuwanthu wo kuti asunga zinchitu cha, pamwenga kusunga umampha vyo asaniya mu umoyo, pakugomezga kuti asaniyenge vinyake. Kweni po yazamfika nyengo yakukhazga vinyaki, azamukuviwona cha. *Apharazgi* akamba nthanthi iyi pakuchiska ŵanthu kuti akoreski mazu ghaku Chiuta.

Mazu ghaku Chiuta gho ghakhozga nthanthi yeniyi:

(1) *Mateyu 25:28-30.* 'Viyo mkwamphuweni talente lo, ndipo paskani kwaku yo we nagho matalente chumi. Chifukwa kwaku yose wakuŵa navyo kupaskikenge, ndipo waŵenge ndi uzari: kweni kwaku yo walive chingana ndi lo we nalo lituzgikengeko kwake. Ndipo muŵanda yo mzira-upiripiri mtayeni ku mdima wakubwalo: ko kuŵenge kuliya ndi mkukutu wa minyu.'

(2) *ŴaRoma 14:12.* Viyo na, munthu ndi munthu waku ifwe wajikambiyenge kwaku Chiuta mazu ghapa mtima waku yija.

195. Yo watuwapo pano ndiyo waruta, kweni kuti nkhamusiye so kumasanu, ndakana

Konkhosko lake: Agha mazu ngakuliya, ndighachitima, asani yumoza yo waya-njanga ukongwa, wafwa. Chituŵa chipusu cha kuti uruti kumasanu ndi azukuru, kwachiwona po amuŵikiya, ndikusiyana nayo mwaviyo.

Tandauzo lake: Taŵamoyo tigomezga kwachikumana nawo akwanjiwa ŵidu wo akufwa, mukucha (mu umoyo ufya).

Kuzirwa kwa nthanthi iyi: nthanthi iyi, pamwenga mazu agha ghakambika ndi munthu mla, asani yo wangwanja watayika (wafwa), manyi ndi mvurwa wake, kaya mukuwaki pamwenga muoli waki, pamwenga mwana waki. Pakuliya nye-ngo yakutuzga nyifwa chitima chituŵa chikuru pakulekana. Ndi mazu ghaku-paska so chigomezgo kuti wo atufwa tamukumana nawo ku umoyo ufya, *nasi mazua ghachimara mcharu.*

Mazu ghaku Chiuta gho ghakhozga nthanthi yeniyi:

(1) **2 Samuele 12:23.** Kweni sono wafwa; ndifungiyengenji kurgha? Kumbi ndi-kamuwezganga so? Ine ndirutenge kwaku iyo, kweni iyo kuti wawerenge so kunu kwangu cha.

(2) **1 ŴaTesalonika 4:13-17.** Apa tisambira kuti pachiyuka, ŵamoyo amukumana ndi Ambuya mde. "Pavuli pake ifwe taŵamoyo, taŵakujaririya, tikakwa-mphulikiyanga pamoza nawo mu mitambo, kwachikumana ndi Ambuya mude; ndipo viyo tikaŵanga muyaya pamoza ndi Ambuya."

196. Yo waziŵa vyose ndi Chiuta

Konkhosko lake: A Tonga ŵavwana kuti Chiuta ndi *Mzimu Mkuru, Kajati (Kajilenge),* ndi *Mziŵa-vyose.* Chiuta ndi Mzimu. Iyo ngwakukwezgeka pa mizimu yose, chifukwa iyo nchigoti.

Tandauzo lake: Chiuta ndi *Mziŵa-vyose;* kulivi kwaku Iyo kanthu kakubisika.

Kuzirwa kwa nthanthi iyi: nthanthi iyi ndi rapu. Viŵi-viŵi yikambika muzi-mphara za milandu. Munthu yo wapereka ukabone asani waziŵa kuti wakamba uneneska, wakamba mazu ghenagha, kuti ipu Chiuta wamulangi asani chinthu wakuchita ndiyo ku ubendi.

Mazu ghaku Chiuta gho ghakhozga nthanthi yeniyi:

(1) **Sumu 139:6.** Kuziŵa kwinu paku ine nkhwakuziziswa; nkhwa pachanya ukongwa kuti ndingawamo cha.

(2) *Mateyu 6:4.* Viyo wezi wako uŵe wamu ubende: ndipo Ausu wo atikuwona mu ubende, akuwerezgiyengepo.

(3) *Yohane 18:20-21.* Yesu wangumwamuka, "Ine ndakambiya pakwero ku charu; nyengo zose ndasambizga mu masinagoge, ndi mu kasopi, mwenimo ŵatongana ŵaYuda wose, ndipo kuti ndakamba kanthu mu ubende cha. Chifukwa chine ufumba ine? Fumbanga wo ŵavwa cho ndinguŵakambiya: ŵaziŵa iwo vyo ndingukamba."

197. Zeru zakuwija zibayiska

Konkhosko lake: A Tonga akhumba cha munthu yo watijanja, (wakujikuzga). Kaluso kakuti, *Ndemunthu ndija* atikakana ukongwa.

Tandauzo lake: Nchamampha kuja pamoza ndi anyako mwakuti usambirenge vyo nawo achita. Ŵanthu atenele kuja mchimango pamoza ndi anyawo.

Kuzirwa kwa nthanthi iyi: nthanthi iyi ndi chenjezgo kwakuyo, umoyo wake wakuziŵiliya kujanja. Yikambika so kucheŵeska munthu yo ngwakusuka, wambura kukhumba kuti tunthu wapaskengeko anyake. Mwaviyo nthanthi iyi yichiska ŵanthu kuja pamoza, ndi kovyana, chifukwa *Umoza ndi nthazi.* Asani uja wija epa masuzgu ghakuwiya ukhumbengi anyako kukovya.

Mazu ghaku Chiuta gho ghakhozga nthanthi yeniyi:

(1) **Ŵerengani Yohane 17:1-26.** Ili ndirombo lakuzirwa lo Ambuyafwe Yesu Khristu lo angurombe asambizi ŵake mwakuti aŵe amoza.

(2) **Ŵerengani Machitidu gha Ŵakutumika 2:44-47.** Tisambira kuti kwamba kwa Ekeleziya asambizi ŵake aku Yesu enga ndi mtima umoza, kuchitiya vinthu vyose pamoza, kwa masanga. Chifukwa anguziŵa kuti *Umoza ndi nthazi.* Po pe umoza pe chimango ndi chanju.

198. Ziulikanga zikumpoka mahomwa

Konkhosko lake: Po pe nkhondo, munthu watenele kughanaghana luŵi mo wangajitaskiya, mwakuti angamuphanga *mahowa, vyakuweke* ndi vyakurwiya/ vyake.

Tandauzo lake: Munthu wakuzingazinga, wa chizita waziŵa kukumanizgana ndi maunonono ghanyaki gho ghatuza kwamabuchibuchi.

Kuzirwa kwa nthanthi iyi: nthanthi iyi yikambika asani ŵanthu atuvwa cha chenjezgo; viŵi-viŵi *Ahurwa* ndi *Asungwana* wo aziŵa cha kumikana ndi maunonono ghakuza mwa mabuchibuchi, atenele kuja akujinozga nyengo zonse. *Apharazgi* akamba nthanthi iyi pakucheŵeska ŵanthu wo atijinozga cha kurondo mazu ghaku Chiuta yenga yindaze nyifwa paku iwo, pamwenga kupunda *Satana*.

Mazu ghaku Chiuta gho ghakhozga nthanthi yeniyi:

(1) Ŵ*erengani Mateyu 25:1-15.* Tisambira muntharika iyi kuzirwa kwa kuja kwa kujinozga. Asani tiswela kusele mu *Ufumu waku Chiuta* kweche sonu ndikuti suzgu tamkuŵa nayo kunthazi. Nchamampha kuja ŵakunozgeka.

(2) Ŵ*erengani Marko 13:32-37.* Apa tisambira kuzirwa kwa kujinozga kuti zua la Ambuya asani lituza lizitisaniyenge kuŵa ŵanthu ŵa chivwano ndi arunji. Kwenge mlonda, yo asani wagona ankhungu azengi kwaziba vya munyumba. Kweni asani we maso waziŵa uromba wo we munyumba. Titenele kuja maso, chifukwa nyifwa titiyiziŵa cha po yiziyengi paku ifwe. Tizomere kusere mu Ufumu waku Chiuta.

(3) *Chiyambo 27:23.* ndipo kuti wangumuziŵa cha, chifukwa manja ghake ghenga gha cheya uli ndi manja gha mukuwake Esau; viyo wangumutumbika.

199. Zunguliyane, ine ndizunguliyengi uku, tamkumana kurweka

Konkhosko lake: A Tonga endi chigomezgo chakuti chingana ŵanthu atufwa mu nyengo zakupambana, kweni zuŵa limoza amukumana mbwenu.

Tandauzo lake: Nyifwa kuti mbumaliye wa umoyo cha, pamwenga wa vinthu vyose cha. Nyifwa nkhupatukirana limu cha.

Kuzirwa kwa nthanthi iyi: nthanthi iyi akamba ŵala pa maliro nge nkhukhwimiskana ndi kupembuzgana, chifukwa nyifwa mbumaliyi wavinthu vyose cha, pamwenga kumaliya limu kwa umoyo cha. Chigomezgo chilipo chakuti mawa liya tamukumana nawo akwanjiwa wo akutisiya. Yikambika so ku munthu yo *nchilimbi* kufwiya anyake kwambura kopa masuzgu. *Apharazgi* akamba nthanthi yeniyi mu maliro pakusambizga ŵanthu kuti umoyo ufya uliko. Wo afwiya mwaku Chiuta pamwenga kuvwana ndi Yesu, atiya ku umoyo ufya wa muyaya. Asani nase tafwiya mu chivwawo, tamukumana nawo mukucha.

Mazu ghaku Chiuta gho ghakhozga nthanthi yeniyi:

(1) *Mateyu 26:26.* Ndipo wachirgha, Yesu wanguto chiŵande wangutumbika, ndi wangumenya; ndipo wangupaska ku ŵasambizi wo, wanguti, "Rondani, rghani; ichi ndi liŵavu langu."

(2) *1 ŴaTesalonika 5:13, 16-17.* "Muŵe ndi chimangu mwaku mwaŵeni. Kondwani nyengo zose; rombani kwambura kulekezga."

200. Zuŵa limoza liwozga nyama ya Njovu cha

Konkhosko lake: Njovu nchinyama chikuru ukongwa munyama zose za pa mtunda. Epa njovu yafwa, nyama yake kuti yingavunda zua limoza cha.

Tandauzo lake: Tingopanga cha kusiya nchitu yo yiziŵa kuchitika pavuli, mwakuti tichiti danga yo nja paluŵi.

Kuzizrwa kwa nthanthi iyi: nthanthi iyi yikambika pakuchiska munthu kuti wachite danga nchitu ya paluŵi mwakuti zinyake waziŵa kuchita pavuli. Nge nkhweruzgiyapo, ŵana wo epa *Sukulu* atenele kufwiliriyapo danga pamasambiro gho angawovyeka nagho luŵi pakusaniya nchitu.

Mazu ghaku Chiuta gho ghakhozga nthanthi yeniyi:

(1) *Wakutaula 3:17.* Ndingunena mu mtima wangu, Chiuta wakeruzganga ŵarunji ndi ŵaheni, pakuti wamika nyengo pa kafukwa ke kose, ndi pa nchitu ye yose.

(2) *Mateyu 12:11.* Iyo wanguŵanene, "Njanimwaku imwe waŵenge ndi mberere yimoza, ndipo asani yingawa mu mbuna pa zuŵa la Sabata, asi wayikonge ndi kuyituzga?"

(3) *Yohane 9:4.* Titenere kuzitata nchitu za Wakundituma, kweche msana: kutuza usiku, penipo palive yumoza waziŵa kutata nchitu.

Nthanthi zakusazgiyapo

1. *Afwiti mbanasi*
2. *Akufwa apaska nchitu*
3. *Akwanjana asiyana*
4. *Alendu uŵaziŵi ndi mlambi*
5. *Amanga manja, amanga m'lomu cha*
6. *Amtekwa*
7. *Amunkhwele asekana viphata*
8. *Amwenda natu*
9. *Anasi ndi nkhondo*
10. *Anyamata azomphe*
11. *Asani kunthazi nkhwamampha, kuvuli nkhwamampha, yikamba ndi nyezi*
12. *Atonga alivi pamampha*
13. *Atonga alumba cha*
14. *Atonga ŵendi bina*
15. *Aŵaka asina pakalonda*
16. *Azamsaniya nchalanga chitenje bu!*
17. *Bina lendi a Tonga*
18. *Boza lilivi mweneko*
19. *Boza litaska*
20. *Boza ndi mantha*
21. *Bwaila wafole bweka*
22. *Chakuziŵanizga chingulinda chirwane*
23. *Chalu mphakati posi*
24. *Changa chaka Gamphani, chakupandiya zobala, anyau achipanda malalanji*
25. *Chanju che mu manja*
26. *Chawa mu maso ghaki*
27. *Chiluwa chilivi mweneku*
28. *Chimeza mankhaŵa*
29. *Chimukira angumudina ndi musu pa duli*
30. *Chimuti chikuwa ndi mphepo*
31. *Chimuti kuwa luŵi nkhutema mavwa ghasani*
32. *Chinanga ungachenje uli kuti atijimeta mndendi kumasu cha*

atikumeta mbanyaku

33. Chiruwa chakuruwa mbavi pa phewa
34. Chiruwa chilivi munkhwara
35. Chiuta ndi doda
36. Chiuta ndi nthanga ndi munthu cha
37 Chiwere vuli chingubaya Tungwa
38. Cho chawona ine charutapo mawa chaza muwona iwe
39. Cho walutapo nchaku ̧cha
40. Chombu chendi bandali
41. Chonchingukwezga pusi ndichu chingukwezga mmkhweri mchanya
42. Chuma chiwele mbuyaki
43. Deveti wangubaya Goliati
44. Dolora nkhali
45. Epa napo abikanga mtama kwene le ukume mchira
46. Fu wangujiwone bachi
47 Fukunyuwane makutu ghachiri nja
48. Fumbanane mungabayana waka
49. Garu walondo kweniko atimupong'e viwanga (atimumenye)
50. Gonani ndikubayeni we patali cha
51 Guli wendi chilimbi
52. Guri wanowe nthenderu
53. Gutu kuvwa bweka lituvwa ndi nthengwa ya anyoku
54. Jisu likuntha nyoli cha gho ghakuntha nyoli ndi manja
55. Kachepa nkhakuvwala kakurya agawana
56. Kaku ndiko walya
57 Kakubwereka awezga
58. Kakuchanya kalivi mbuyaki
59. Kakumaliya kawawa
60. Kakumaliya kawawa
61. Kakuza kija kasikuwa
62. Kakuziya maze
63. Kalulu/kayuni abaya kumoza ndi chivwati
64. Kamuti kapamphala nkhakukoliyanaku
65. Kamuzunguzeni wangujiguziya nyifwa
66. Kanthu nkhaku, kaweni awezga
67 Kanthu nkhwesa, tambala wangwesa anyina
68. Kanyele kahala

69. *Kanyele kangutuma njovu*
70. *Kayuni kakulongolo kuti katuŵa ndi mafuta cha*
71. *Kayuni karyarya kawira mlomu*
72. *Khumbu ndi mtima ndivu vipangana*
73. *Khungulukutu ngwe chimphara tukumu*
74. *Kidu ndi kangu vipambana*
75. *Ko kabira boza kabuka*
76. *Ko yikuŵa kayuzi*
77 *Kosi kwe masanu*
78. *Kuchelera nkhuvwa tambala*
79. *Kudanjiya kuti nkhufika cha*
80. *Kufumba nkhuziŵa nthowa*
81. *Kufwa vikolongu masu gheche kuleleska*
82. *Kugomore thusi mphamulenji-lenji*
83. *Kuguta nkhusiyaku*
84. *Kuja kauru ka unkhaka*
85. *Kuja nge mba pusi mbwenu ŵaka tafu-tafu!*
86. *Kujumpha chichinyiya chaŵapapi nkhujidaniya soka*
87 *Kukamba chiuvwa-uvwa (chiuzgauzga)*
88. *Kukamba nge ku Bandawi mwapeku*
89. *Kukhayuka cha nyanja, vuwa yendi kwaki*
90. *Kulauska munthurumi ndi chivivivi*
91. *Kulenga chuku chakapendi, chakapali aphataku*
92. *Kulumba luŵi nkhwananga*
93. *Kumba nkhuyana mazu*
94. *Kumbi nthanthi zenizi zingakambika pa nyengu niyi?*
95. *Kumila mtunda wambula maji*
96. *Kumwana nkhumakolelo*
97 *Kumwana nkhumaryelu*
98. *Kunola nkhubisilizga*
99. *Kunola nkhuziŵanizga*
100. *Kunyeta nge maji ghanyeta pa chipopomo*
101 *Kupambana kwa munkhwele ndi mbulika*
102. *Kupangandiya minyu nkhuziŵanizga kwa mpapi*
103. *Kupaska nkhuŵika*
104. *Kurya kwa mteki-teki*
105. *Kurya pusi ndi mutu waki*

106. *Kusamba nkhurya*
107. *Kuseka nkhwambuwa*
108. *Kusele pambula kupupa*
109. *Kususka luŵi nkhwananga*
110. *Kutali nkhuchanya*
111. *Kutama watama mtiti, simbu wamtema phululu wa mutu ukuru*
112. *Kutiryiya masuku pa mutu*
113. *Kutondo nkhuba cha*
114. *Kutondo nkhuba cha*
115. *Kutuzga kadonthu pa msana*
116. *Kuvina nkhuyana lundi*
117. *Kuvuli kulivi masu*
118. *Kuvuli ndi bamba lapamsana*
119. *Kuvwiya mu kayuni*
120. *Kuwe ndi chirewa*
121. *Kuŵeka ndi mantha*
122. *Kuwona pundu nkhuwa kale cha, kweni kwenda ndi usiku*
123. *Kuwonana nge nkhu tulo*
124. *Kuyenda mchapu*
125. *Kwadumuwanje tafipa mtima*
126. *Kwaŵeni nkhwakuŵeteka ndipu uwe ndi nyanda*
127. *Kwenda chakudumuka mutu*
128. *Kwenda nkhuvina*
129. *Kwende pa msana*
130. *Likhwechu lamunyaku payika mawa lepaku*
131. *Liŵavu la munthu ndi njovu.*
132. *Liŵavu ndi muwela*
133. *Maji asani ghadika ghayoleka cha*
134. *Maji ghamunkhombu ndighu ghabaya*
135. *Makani ghatenda ghija, munyinu watimuguliyani magumugumu*
136. *Makutu ghachiri nja*
137. *Malu m'mataku*
138. *Masozi ghayoyokenge*
139. *Matenda ghakuchita kung'anamurizga*
140. *Mawa ndi mawa yose*
141. *Mazua ghamwaŵi nganande lasoka ndimoza*
142. *Mbalala kuti apinga ŵaka cha*

143. *Mbalala kuti aŵika pamoza ndi mbeŵa cha*
144. *Mbavi yifwiya mu lumono*
145. *Mbeŵa yasoni yingufwiya kuzenji*
146. *Mbiri yamampha yijumpha chuma*
147. *Mbunu njiheni yitaya mwakundawona*
148. *Mbuzi yambura masengwe*
149. *Mbuzi yisangaluka asane malonda ghepafupi*
150. *Mchenjezi watulya kamoza*
151. *Mdondu mungukana njoka*
152. *Mheni wathaŵa yija*
153. *Mkwawu asani wadomoka phila, alyiyapu mayani*
154. *Mlandu atata kweni thumba ndilu lisoŵa*
155. *Mlanga ndi mheni cha, kweni mheni ndi tiringanenge*
156. *Mlendu ndi nyoli yituŵa*
157. *Mlendu ndiyu wachizga*
158. *Mlomu ndi fwiti*
159. *Mlomu ndi mphingu cha*
160. *Mlomu wa ŵala ndi ula*
161. *Mmanja mujengi mwakusambasamba kanthu nkhamabuchibuchi*
162. *Mnthangala za njovu kuti apitamu kaŵi cha*
163. *Mo vituka visulu ndimu atuka ndi alamba*
164. *Motu ukuwa ndi kuphutiriya*
165. *Msana jisu liwona patali*
166. *Mtambu ukulu ndiwu ukana vuwa*
167. *Mtiti wangujitukumuwa pa ulemu wo wanguronde*
168. *Mtiti wanguwele ku u mtiti wake*
169. *Mu maji mukukana mchuwa*
170. *Muchuwa wanguzizwa mu maji muchiŵa mwaki*
171. *Muduzi wagalu ngumoza*
172. *Mumphika wakuchichizga usweka*
173. *Munkhuŵi wachirya maka watijithemba pakhosi usani*
174. *Munthu ndimunthu chifukwa cha ŵanyaki*
175. *Munthu wakumbuka powawa waluwa powaguŵa waluwa cha*
176. *Munthu walivi pamampha*
177. *Munthu wendi njuŵi, mkhweri ndiyu walivi njuŵi*
178. *Mutinge ndikamwanda foja pe wazinduwa*
179. *Mwa wakukunkhuzgika-kunkhuzgika kuti uchitandeli cha*

180. *Mwana kopa kazimu nkhumuruma*
181. *Mwana ndi mwana mbwenu*
182. *Mwana ndi mwanangwa*
183. *Mwana ngwankhunda wanyoli watondo yija*
184. *Mwana wa njovu nayu ndi njovu*
185. *Mwana wachimenya dozi likulu wajithemba pa khose*
186. *Mwana waku mng'ona ndiyo we pamsana*
187 *Mwana walivi mweneku*
188. *Mwana watondo nkhonu muleki ndi jisu laki*
189. *Mwezi asani waŵalika kuti atiwufyoke khosi cha*
190. *Nchinkhu tyeku, ndi ng'o*
191. *Ndachita nge ndalotanga*
192. *Ndafwiya kubala*
193. *Ndalama zingubaya Yesu*
194. *Ndali yenge vyamba*
195. *Ndeu ndi ndeu yosi*
196. *Ndimba ya maji gha moto*
197. *Ndopa ku ndopa*
198. *Ng'anamuwane vituwu vya nthanthi zenizi*
199. *Nja yemu jino*
200. *Nkhalamu yakubangula kuti yiko munthu cha*
201. *Nkhalamu yakubangula kuti yiko munthu cha*
202. *Nkhanga zingupangana kweche kundafipe/kundachi*
203. *Ntchakuziŵa ziŵa galu yaka M'golombi*
204. *Ntchakuziŵaziŵa garu yaku kalulu*
205. *Ntha munkhungu, tambula matondoleka*
206. *Nthowa yimoza yibizga mu mathaŵali*
207. *Nyaliwezga wawezga*
208. *Nyalubwe wasintha cha maŵanga*
209. *Nyama yaliuma, (chipemberi), yingume masengwi pamasu*
210. *Nyamakazi yabaya msana*
211. *Nyatu nyatu titenda uku mtunda umala.*
212. *Nyifwa yilivi ku maji, mula yito, mumana yito*
213. *Nyoli yikuzga twana twaki pakukandapu*
214. *Nyoli ziliwa pakusele*
215. *Nyumba yamkali yafya kulwandi*
216. *Odi! Odi! Odi! Potateke pano tiryepo!*

217 Pa mphunu ndipa mlomo

218. Pafupi ndipo wafika

219. Palima mphamoyo

220. Pamuzi ukulu ndipu patuwa mbeta

221. Pe ŵanthu ŵe niwo nditenere kuti ndiŵalereske

222. Polisi pantchitu yaki

223. Saniyani Mazu ghaku Chiuta gĥo ghangakhozga nthanthi zenizi

224. Sankhani mazu gho nga mkuluwiko mukati manthanthi zenizi

225. Saza limaliya ku ndeu

226. Saza lingubaya kana ka mbuzi

227 Saza lisazga bweka

228. Sitima yilinda munthu cha, munthu ndiyu walinda sitima

229. Skapato yimoza avwala ŵanthu ŵaŵi cha

230. Somba ndi maji

231. Soni zingubaya nkhwali

232. Thenga abaya cha

233. Tione angumronda nkhanga

234. Tireke kudumbizga anyidu ŵeniwo suzgu yaŵakwindika, chifu-
     kwa mawaliya ye paku iwe

235. Tiyeni-tiyeni wasokeka cha

236. Tiziŵa kuŵa ndi marusu ghakuzizikiya anyake ndikweni ghaza-
     muku-tizizika taŵeni pavuli

237 Ubali umala cha

238. Uchembele nkhuryiyana

239. Uchenjezi kuti ubaya somba cha, chibaya somba ntchilepa

240. Uchizumbuwa nkhalamu ukwerɛngi mchanya mchimuti

241. Ufumu nchuma

242. Ulemu wamunyako muleke kukwamphuwa utenele kukhorwa
     ndicho we nacho

243. Ulowi ndi nyanga cha, ulowi mpha mlomo

244. Umoyo mulivi musitolu

245. Unamana mburyayuni

246. Unandi ngwamampha kweni unangiya kumala dendi pambali

247 Unandi utaska

248. Uranda ulaka waka njoka, wakwende malunga

249. Vinthu vye m'nyengu

250. Vyaka fu vyakuryiya lwandi

251. *Vyambu sazi vyambura malaka*
252. *Vyamunthazi viziŵika cha*
253. *Wabala, wajibaliya nkhondu*
254. *Wabira pa chandi pa msana pawoneka*
255. *Wafwapu ŵaka kasima nkhamunkhwala*
256. *Wagwiliya Kaŵiya, boma lendi msonkhu*
257. *Wajirengeska nge kathumba kapa Chiŵaza, ko kaputiya pe!*
258. *Waka, aja nge mbakufwa*
259. *Wakamba wataya, kaja mmoyu wasunga*
260. *Waku ngwaku, wamunyako watikusuzula*
261. *Wakukana, wangukana mlandu*
262. *Wakulima njumoza akurya mbanandi*
263. *Wakusiliya zila*
264. *Wakuwa waziwona*
265. *Ŵala-ŵala apemphe masu*
266. *Walemba mu maji*
267. *Wamakhate atimupusika skapato cha*
268. *Wamampha abaya*
269. *Wamunthazi wakoleka cha*
270. *Wamwaŵi ngwamwaŵi mbwenu*
271. *Ŵana nchuma*
272. *Wany'a pamwa pasi katunkha*
273. *Waraŵantha nge garu yarya mwana waki*
274. *Wasaŵasaŵa nge nyoli yapa mazila*
275. *Ŵaŵi ndi mantha*
276. *Wendi nthende-uzi*
277. *Wendi twa mumatakama*
278. *Weyija nkhanyama, ŵaŵi mbanthu*
279. *Yo wacheuka ndikuti wavwa mswayo*
280. *Yo wachiona ndiyu wathaŵa*
281. *Yo waŵeja wawoneka ndi sazi paku pauka*
282. *Yowagona wafwa*
283. *Yowajaliya vuli ndi mnkhwala wamalundi*
284. *Zeru wija kabunthu walivi zeru*
285. *Zeru zaku Mtonga watiziziŵa ndi mnkhweri*
286. *Zina litufwa cha*
287. *Zuma ndizu ateghe mani, mbulika cha*

Nthowa zo mlembi – Buku wangurondo pakulemba buku ili

1. Nthowa yakudanga

Rev Wesley Manda	Kang'ongo/Bandawe
Annisty Kamanga	Chimati/Munkhokwe Village
	c/o Ndirande, Blantyre
Kanyama Chiŵiŵi Mwase	Mzenga, Kabunduli Village
Godfrey Richard Chiya Phiri	Tukombo Village
Tilla Christopher Katenga	Chifira Village
Goldon Nyirenda	Gondoli Village
T/A Malanda	Mkundi Village
Bright Zgawowa Mphande	Mteperela Village
Msundu (V/H)	Msundu Village
John K. Mphande	Chituka Village
Munchindwi (V/H)	Munchindwi New Home
T/A Malenga Mzoma	Chituka Village
Mode Muŵamba	Njasa Village
Lile Nyachirwa	Chiphumbulu Village
Lini Nyamanda (V/H)	Malaza Vilage
Margaret F. Nyaphiri	Kande Bank Home
Maria Banda	Kande F.P. School
Chazama W. Phiri	Msumba Village
William Manda	Chifira Village
T/A Fukamapiri	Mbamba Village
Timothy Chirwa	Kauta Fukamapiri
Crispine Ng'oma	Thowolo Village
Sam Kandodo Banda (MP)	Kande Village

2. Nthowa yachiŵi

Banda, Joseph T.K., "Proverbs in Tonga - Proverbe N.M. 35740" Unpubl., 1985.

Chirwa, Filemon K., *Nthanu za Chitonga*, Livingstonia Mission, 1932.

Kumakanga, L. Stevenson, *Nzeru za Kale*, Blantyre: Dzuka, 1989.

MacAlpine, A.G. "Tonga Beliefs and Customs." *Aurora* 8, Livingstonia Mission, 1905.

Mazu Ghaku Chiuta, The Bible in Chitonga (Malaŵi) (c) United Bible Societies 1986, UBS-EPF 1987-5M-D53.

Mcapu wa Chitonga. (n.a.), 1932.

Mphande, David, K., *On the Use of Tonga Myths, Folktales and Proverbs in Moral Education,* Ph.D., University of Malawi (1998).

Nyambe, Sumbwa, *Zambian Proverbs.* Lusaka: Multimedia Publ., 1993.

Schoffeleers, Matthew & A.A. Roscoe, *Land of Fire: Oral Literature from Malawi,* Limbe: Montfort Press, 1985.

Soko, B.J. "Tonga Proverbs", Unpublished collection, 1985.

Velsen, J. van, *The Politics of Kinship: A Study in Social Manipulation among the Lakeside Tonga of Nyasaland,* Manchester University Press, 1964.

Ndondomeko ya mazu ghamu Baibolo

Phanganu la kale

Phanganu lale

www.ingramcontent.com/pod-product-compliance
Lightning Source LLC
Chambersburg PA
CBHW031136270326
41929CB00011B/1651